Ramona Scharrer
Total ver-rückt

20.12.95
Liebe Alex,
dies ist also mein
Ich freue mich es Dir u
Geburtstagsgeschenk überreichen
zu können.
Viel Spaß und alles Liebe
Ramona

Sammlung Leben & Schreiben

Leben und Schreiben sind in der weiblichen Tradition verbunden. Die Sammlung Leben&Schreiben lädt ein, an vertrauten ebenso wie fremden Erfahrungen teilzuhaben.

Ramona Scharrer

Total ver-rückt

ULRIKE HELMER VERLAG

Die Deutsche Bibliothek CIP-Einheitsaufnahme

Scharrer, Ramona:
Total ver-rückt / Ramona Scharrer. – Frankfurt am Main :
Helmer, 1995
(Sammlung Leben & Schreiben)
ISBN 3-927164-52-6

Druck: Print-Shop Claudia Pöhlmann, Strullendorf
Printed in Germany

Gewidmet:
Tine, Barbara, Erich, Ingrid
und den Augen!

Alleingelassen mit mir und meiner »heilen Welt«,
wollte ich mich suchen, ganz auf mich gestellt.

Dabei traf ich dann auf dich,
warst wie mein Spiegel und zeigtest mir mein Ich.

Es war oft schrecklich, was ich da sah,
so wollt' ich flüchten, doch du bliebst da.

Meine Liebe ließ kein Entkommen zu,
Du warst in mir auf du und du.

Egal, ob ich fern war oder nah bei dir,
ich nahm mich mit und dich mit mir.

Manchmal schaute ich mir selber zu
und dachte mir, das seiest *du*.

Dann traf ich manchmal wieder dich,
glaubte es kaum, das war ja *ich*.

Ich lernte mich kennen, Stück für Stück, durch dich
und erkannte immer mehr von dir durch mich.

Deine Ängste und vieles andere auch
hatte ich ja in meinem eigenem Bauch.

Wir sind so verschieden und doch gleich,
dies zu erkennen machte mich so reich.

So lernte ich dich lieben wie du bist,
liebe, durch meine Liebe, endlich auch mich!

Da saß sie nun.
An der Theke der nahegelegenen Dorfkneipe, die sie vor einigen Wochen mit ihrem Freund entdeckt hatte.
Am selben Platz wie immer.
Nur der Platz neben ihr, an dem sonst ihr Freund saß, blieb heute leer.
Ein Weizen-Glas in der einen, eine Zigarette in der anderen Hand, saß sie da.
Einsam. Traumverloren.
Die Kneipe war ziemlich leer.
Einige Leute spielten Dart oder an irgendwelchen Automaten.
Ein netter Mann hinter der Theke.
Den kannte sie ja noch gar nicht!
Ein kurzer Wortwechsel.
Ein Schluck aus dem Glas.
Versank wieder in ihren Gedanken.
Es sind ja nur drei Monate!
Was sind schon drei Monate im Vergleich zu den vielen Jahren, hatte ihr Freund gesagt.
Zu welchen Jahren?
Vor- oder nachher?
Es ist erst sechs Tage her, daß er geflogen ist, für drei Monate. Eigentlich wollte er sechs Monate fahren.
Sechs Monate Urlaub machen.
Urlaub von was?
Von ihr? Von den Hunden? Vom Haus?
Wahrscheinlich einfach von allen Verpflichtungen.
Gut.
Das war jedoch von seiner Arbeit her nicht möglich. Und er wollte ja zurückkommen.
Sicherheiten.

Alles wieder so vorfinden, wie er es verlassen hatte?
Früher war ihm das egal.
Da ging es ihm nur um das »Weg« und nicht um das »Zurück«.
Da konnte sie doch froh sein!?
Wegen ihr hätte er auf jeden Fall seinen Urlaub nicht verkürzt.
Da hätte er dann gesagt, es sind ja nur sechs Monate.
Die verschiedenen Aspekte der Zeit!
Wie lange werden drei Monate für sie werden, wenn schon die letzten sechs Tage die reine Qual für sie bedeutet haben?
Sechs Tage der Trauer, der Tränen und der Hoffnung (welcher denn?).
Sechs Tage, die auf einen mehrmonatigen Streß gefolgt sind. Der harten Arbeit an ihr selbst, um ihre Gefühle und Gedanken wieder einigermaßen in den Griff zu bekommen.
Sechs Tage, in denen sie nicht mehr fähig war, unter Menschen zu gehen, außer sie mußte arbeiten.
Ihre Arbeit, die sie wie in Trance erlebt hatte. Und wahrscheinlich auch nur deswegen hatte erledigen können, da sie eine gewisse Ablenkung bedeutete.
Und was bedeuteten ihm die letzten sechs Tage?
Wahrscheinlich nur das Abschütteln seines schlechten Gewissens.
Doch heute war sie hier.
Saß nun an dieser gottverlassenen Theke.
An einem kalten Tag Anfang Dezember.
Bestellte ihr nächstes Weizen und hatte diese verdammte Sehnsucht im Bauch.

Nach Wärme, Zärtlichkeit, Haut, Armen, Schweiß und Liebe.
Und dachte dabei an ihn.

Ihr war kalt.
Die Gedanken rannen ihr durch den Kopf.
Sie fühlte sich leer und verbraucht.
Alles in ihr tat weh.
»... gib mir mein Herz zurück, Du brauchst meine Liebe nicht«, das Lied von Herbert Grönemeyer, das sie vor seiner Abreise sehr gerne und laut gehört hatte, verschwamm mit den Erinnerungen der letzten Gespräche – hier, mit ihm, bei einem Glas Bier.
Ihre Gefühle liefen schon wieder Amok.
Sie wollte etwas aufschreiben. Irgend etwas fassen, denn der Wirrwarr in ihr verwickelte sich mit dem Bier.
Sie bat um Block und Stift. Doch so ein angetrunkener Mensch störte sie beim Schreiben. Außerdem brauchte der Ausschank ständig den Stift wieder. Schien der einzige in dieser Kneipe zu sein.
Also ließ sie es wieder.
Wo war denn der Wirt heute?
Dieser nette, gutaussehende Türke.
Der bei ihr schon einmal das Herz ausgeschüttet hatte, weil eine Frau nichts mehr von ihm wissen wollte.
An den sie sich einmal angelehnt hatte, als ein Gespräch mit ihrem Freund nichts als Leere in ihr hinterließ.
Der Mann mit den schönen Augen, dem ausdrucksvollen Gesicht und den lässigen Bewegungen.
Den sie so gerne ansah.
Dessen Nähe sie beruhigte und doch ihr Herz zum Klopfen brachte.

Bisher wollte sie diese Gefühle nicht zulassen.
Sie versuchte sie zu ignorieren.
Da war ja noch ihr Freund ... und alles an Scheiße, wo sie noch durch mußte.

Gespürt hatte sie es schon immer.
Sie hatte auch mit ihrem Freund darüber geredet, daß sie anfinge, sich für andere Männer zu interessieren, und daß sie Angst davor habe – und meinte vor allem diesen.
Er reagierte nicht darauf, aus welchen Gründen auch immer.
Ihr letzter Hilferuf vom Dunkel der Nacht verschluckt.
Der Wirt hatte sie sogar zu einem Konzert eingeladen.
Strahlte sie hinter der Theke an, mit seinen braunen Augen.
Sie hatte abgelehnt.
Vor lauter Angst, daß etwas passieren hätte können, hatte sie sich lieber den Streß gegeben, den letzten Abend mit ihrem Freund zu verbringen.
Auf jeden Fall hätte sie ihn jetzt gern hier.
Den Wirt.
Den Mann, mit den Wahnsinnsaugen.
Sie liebte diese Augen.
Sie strahlten, waren klar und lebendig. –
So wie er selbst.
Er hatte etwas, das sie einfach nur unter »Leben« einordnen konnte, da ihr die Worte fehlten, es zu beschreiben.
Und das, was sie an ihrem Freund so vermißte.
Dessen Augen schienen in einen Schleier gehüllt, starr, fast schon tot.
So wirkte er auch oft auf sie.

Am Leben vorbeigehend. Tot.
Aber vielleicht lebte er ja jetzt auf. Da irgendwo in Thailand.
Mit seinem Kumpel.
Sie wollte er nicht dabeihaben.
Sie hätte ihn gehindert, hatte er gesagt.
An was denn?
Da kam er wieder, der Schmerz, der alles in ihr zusammenzog.
War sie denn nichts weiter für ihn als ein Hemmschuh?
Sie gedachte wieder ihrer Gedanken vor einem Jahr.
Die Zeit, in der in ihrer Beziehung schon alles drunter und drüber gegangen war.

Da, einfach da.
Selbstverständlich da.
Selbstverständlich.
Ein Mensch, um den Mann sich nicht mehr kümmern muß.
Der verkümmert in der Selbständigkeit.
Ein Ruhepol.
Zu dem Mann zurückkehren kann, wenn es draußen zu ungemütlich wird.
Draußen. Da ist das Leben.
High-Life und Konfetti. Unkompliziert, möglichst verantwortungslos, einfach und doch befriedigend.
Der Alkohol läßt swingen, Gefühle rosig, alles easy.
Es wird gewagt, was sonst nicht gewagt, aber gewünscht wird. Situationen, Feten, Urlaub ... alles paßt, alles locker, nichts wird in Frage gestellt.

Rosarote Wolken. Keine Probleme.
Ausprobieren, testen – mit Grenzen?
Wie lange noch?
Flirt, ein Spiel, aber das Selbst stärkend, Selbstbestätigung.
Bewunderung der Kumpels – ein Frauenheld.
Held?
Oder nicht doch ein armes Schwein, das sein Selbst immer bestätigen muß?
Ein Spiel mit dem Feuer. Aber nicht zu weit. Denn daheim hat Mann eine Frau.
Daheim.
Jemand ist da.
Jemand, mit dem Mann den Alltag erleichtern kann.
Etwas aufbauen. Ein Nest oder so.
Jemand ist da, wie die Mama nach den Exkursen ihres Sohnes.
Die ihn auffängt, die ihn tröstet, wenn er auf die Schnauze gefallen ist.
Die zwar schimpft, aber alles so erträgt aus »Liebe«.
Das Heim. Daheim. Die Frau daheim. Die Frau das Heim?
Schmeichelhaft oder langweilig?
Die Mutter, die für sein leibliches Wohl sorgt, umsorgt, verwöhnt, tröstet ..., die Hure, möglichst einfallsreich, überraschend, möglichst leicht erregbar, bloß nicht schwierig, sonst ist der Reiz dahin ..., die gute Freundin, die zuhört, schweigt, redet und frei läßt ...
Angst, diese Frau zu verlieren? Bemühungen?
Selten. Immer seltener werdend.
So sicher.
Zu sicher dieser Sicherheit.

Der Pepp kommt von draußen, da holt Mann sich auch den Appetit.
Gegessen wird dann daheim.
Langeweile.
Alles selbstverständlich. Auch der Körper.
Mann glaubt alles zu kennen und zu wissen.
Der Reiz ist weg.
Jeden Tag das gleiche Essen …
Ich habe Angst und Wut.
Gefangen in mir selbst.
Warten darauf, bis er sich die Hörner abgestoßen hat und entweder mich liebt – oder eine andere.
Wut darauf, sicher und selbstverständlich zu sein.
Wut darauf, daß mich kein anderer Mann interessiert, daß ich sogar Angst habe vor Flirts. Denn der Mann könnte dann mehr wollen, als ich bereit wäre zu geben.
Wut darauf, daß mich kein Abenteuer reizt, daß ich den Körperkontakt nur noch bei denen ertragen kann, mit denen ich weiß, es ist freundschaftlich.
Wut darauf, daß ich gerne daheim bin und damit einfach da, einfach.
Wut darauf, nicht fähig zu sein, den anderen zu verraten, immer zu zeigen, wie wichtig er für mich ist. Keinen Vamp spielen zu müssen, der seinen Mann daheim hat.
Wut darauf, Angst zu haben. Angst, den anderen zu verlieren.
Sehnsucht zu haben. Nichts als selbstverständlich zu sehen …
Brav, sittsam, treu(doof?).
Alles ertragen.
Die mosernde Emanze, die dem Mann viele Freiheiten zugesteht, und damit wieder die dumme Alte, die dar-

auf wartet, daß der Mann wieder nach Hause kommt, nach seinen freiheitlichen Abenteuern.
So selbstverständlich.
Wie soll man da ängstlich und unsicher sein, bei soviel Sicherheit?
Weil es sein kann, daß ich irgendwann mal »gehe!«

Diese Gefühle mehrmals gefühlt. Die Gedanken mehrmals gedacht und immer wieder versucht, irgend etwas daran zu ändern.
Geändert hatte sich in diesem Jahr viel, doch das Grundproblem blieb. Er mußte sich von seiner Mutter lösen.
In diesem Fall war sie das.
Eine Fahrt mit ihr wäre für ihn zum Alptraum geworden.
In seinen anderen Träumen fand sie keinen Platz.
War das ihr Platz in seinem Leben?
Bei Haus, Hunden und Herd? Wartend?

Auf jeden Fall hatte sie jetzt mal einen festen Platz an der Theke.
Auf nichts wartend.
Höchstens darauf, daß sie nichts mehr denken und spüren mußte.
Schon hörte sie sich das nächste Bier bestellen.
Halt! Nun mal langsam.
Schließlich mußte sie ja noch zwei Kilometer bis nach Hause fahren.
Der Wirt schien auch nicht mehr zu kommen.
Nach ihm sehnte sie sich heute.
Irgend jemand, der ihr zuhörte, egal wie wirr sie ist.

Irgend jemand, der für sie da ist.
Und doch nicht irgendwer, sondern genau *der*.
Es sind ja nur noch 11 Wochen, nur noch 77 einsame und gottverdammte, verlassene Tage, nur noch …
Ach, es lohnt nicht, die Stunden zu zählen.

Das sei ihr Problem, hatte ihr Freund gesagt.
Es sei ihm egal, wie sie sich dabei fühlt.
Er muß fahren.
Er wolle sich diesmal nicht wegen ihr einschränken.

Sie wollte zahlen.
Sie hielt sich einfach selbst nicht mehr aus, und dieser betrunkene Mensch nervte sie auch langsam.
Obwohl sie sich eingestehen mußte, daß sie irgendwie froh war, daß überhaupt irgend jemand dagewesen war.
Sie war ganz schön benebelt, denn sie hatte schon länger nichts getrunken.
Ihre Beraterin empfahl ihr, sie solle den Alk aus dem Hause verbannen.
Nur in Gesellschaft trinken, wenn sie meine, sie müsse trinken.
Der Alkohol werde alles nur verschlimmern, sagte sie.
Er öffne mehr Türen, als ein Mensch verarbeiten kann.
Ach ja, die Beraterin.
Die hatte sie auch erst vor einigen Wochen aufgesucht, weil sie meinte, mit dieser Trennung nicht alleine fertig zu werden.
Sie glaubte durchzudrehen, *bloß* weil ihr Freund drei Monate wegfahren wollte.

Aber der Tip war gut, der mit dem Alk.
Sie litt zwar trotzdem, aber das andere kannte sie schon, das war schlimmer.
Ein Mann hatte sich von ihr getrennt.
Eigentlich hätte sie froh darüber sein sollen.
Sie waren von einer Verschiedenartigkeit, die fast nichts Gemeinsames zuließ.
Gespräche führten mehr auseinander als zur Klärung, Gefühle waren fremd, und außer ihrer ehrenamtlichen Arbeit verbanden sie noch nicht einmal gemeinsame Interessen … und trotzdem litt sie schrecklich.
Alles in ihr rotierte.
Gedanken und Gefühle.
Nichts konnte sie ablenken.
Sie saß daheim und betrank sich systematisch.
Die Schmerzen in ihrem Inneren wurden immer schlimmer.
Sie hatte das Gefühl, jemand wolle ihre Gedärme zerreißen.
Es half einfach nichts. Es wurde nur noch schlimmer.
Da kam sie auf die »glorreiche« Idee mit den Zigaretten, die sie sich auf dem Armrücken ausdrückte, um die Schmerzen von ihrem Inneren abzulenken.
Das half jedoch nie lange.
Nach der vierten überhaupt nicht mehr.
Dann tauchten Ideen auf, Scherben, Schnitte, Blut, viel Blut – und Gott-sei-Dank noch ein vernünftiger Gedanke.
Das Telefon!
Ihre besten Freunde erreichte sie nicht.
Ihre Mutter schon.
Nur ein Wort aus ihrem Munde, und sie konnte weinen, weinen und nicht mehr aufhören.

Stundenlang Tränen.
Alle Tränen der letzten Jahre.

Okay, so schlimm war es diesmal nicht.
Diesmal hatte sie die Schmerzen ausgehalten.
Außerdem ist das »Schmerzmittel« Alkohol wohl doch nicht sehr lindernd.

Heute wußte sie auch, daß jede Trennung, die von einem Mann ausging, in ihr ein Gefühl des Versagens auslöste.
Damals war sie acht Jahre alt gewesen, als sich ihr Vater das Leben nahm. Sie fühlte sich verlassen, allein gelassen, ungeliebt und schuldig.
Wie hätte ihr Vater ihr das antun können, wenn er sie geliebt hätte?
Und er hätte sie geliebt, wenn sie ein braves Mädchen gewesen wäre, egal was das hieß. Sie hatte es nie herausfinden können, obwohl sie immer versuchte, ihrem Vater alles recht zu machen.
Ihre Mutter wollte sie nicht mit ihren Gefühlen belasten.
Im Gegenteil, sie fühlte sich eher noch für ihre Mutter verantwortlich. Glaubte, sie schützen zu müssen.
Auch vor ihrer Oma, der Mutter ihres Vaters, die die Schuld ihrer Mutter aufladen wollte.
Damals hatte sie auch nicht geweint.
Trauer, Wut, Enttäuschung, Schmerz – ein Kind – eingemauert, zum Erwachsenwerden gezwungen … und damit überfordert.
Und heute?

Wieder ein Mensch, den sie geliebt hat.
Wieder ein Mensch, der sie verlassen hat.
Wieder die Fragen, war sie eine böse Frau?
Hat er sie je geliebt?
Oder hat sie einfach versagt?
Wieder die gleichen Gefühle und Gedanken und doch anders.
Diesmal hatte sie ein Gegenüber.
Sie hatte es schon ein Jahr vorher gewußt, daß er fahren wollte.
Ein Jahr gehofft, er tut es nicht.
Viel geredet, viel verstanden (o ja, manchmal hatte sie das Gefühl, an ihrem Verständnis ersticken zu müssen), dann wieder gekämpft, getrauert, gelitten, gebettelt, ihn verflucht, gefragt, abgeschaltet, Minuten genossen im Hier und Jetzt … dann wieder umgestürzt.
Stimmt, was sind drei Monate im Vergleich zu den langen Monaten vorher?
In den Monaten, in denen beide unzufrieden waren, sich gequält und doch wieder aneinandergeklammert hatten.
Er ist gerannt.
Ausschau haltend nach irgend etwas, was Freiheit hieß.
Sie hinter ihm her, suchend nach seiner Liebe und ihn damit erstickend.
Ein Marathon.
Vielleicht war es gut so.
Vielleicht würden sie sich irgendwann einmal wieder treffen und zusammen weitergehen können.
Vielleicht.
Da war sie noch, die Hoffnung.
Trotzdem fühlte sie sich unter Zeitdruck.

Warum meldete er sich nicht?
Er wußte doch, wo sie stand!?
Irgendein Anruf, ein Brief, ein kleines Zeichen.
Etwas, das ihr das Warten erleichtert hätte.

Ein anderer Tag.
Die gleiche Kneipe.
Die Plätze an der Theke waren besetzt.
Es waren überhaupt viele Menschen da.
Der Wirt auch!
Er leuchtete sie an mit seinen braunen Augen und lächelte.
Sie grinste unsicher zurück.
Sie war fasziniert.
Er freute sich, sie zu sehen, und zeigte ihr das auch noch.
Und was irritierte sie daran?
Ängstlich schaute sie sich um, mit ihrem geübten, gekonnt coolen Fortgeh-Gesicht, dem niemand ansah, daß es Show war, so echt wirkte es.
Die alte Maskerade!
Das Lied von Ina Deter fiel ihr ein, »mit der Kippe im Mund kann sie gut an Theken steh'n und keiner hat bei ihr die Chance sie zu überseh'n, sie steht nie einfach rum, als wär sie hinbestellt, ihr Lächeln weiß Bescheid und fragt was kostet diese Welt ...«.
Ach, da ist ja der Typ von damals, der sie so genervt hatte.
Trotzdem begrüßte sie ihn freundlich, da er das einzig bekannte Gesicht außer den Augen war.
Ein bißchen reden hier.

Ein bißchen Leben da.
Neue Gesichter.
Sie merkte, wie sie sich füllte.
Ein Gefühl von Geborgenheit.
Ja, sie hatte einige gute Freunde in der Stadt.
Das hier war anders, wie ein großes Nest.
Die Atmosphäre ergriff sie, entführte sie aus ihrer Einsamkeit.
Und immer diese Augen und sein Lächeln.
Und mehr.
Ein warmes Gefühl im Bauch, ein Knistern in der Luft.
Ruhe!
Sie versuchte sich zusammenzunehmen, das alles zu verdrängen.
Schließlich ist ihr Freund ja nur für drei Monate fort.

Aber es blieb.
Hartnäckig.
Mit dem Kopf nicht wegzukriegen.
Es roch nach Leben, Liebe, Rauch.
Und sie war infiziert.
Seit einigen Wochen schon suchte der Wirt eine Bedienung.
Gleich da hatte sie überlegt.
Sie überlegte wieder.
Suchst du noch eine Bedienung, hörte sie sich fragen, aus dem Bauch raus, bevor ihr Kopf überhaupt fertiggedacht hatte.
Ja, ja, sagte sie, dann am Samstag. Ich versuche es mal.
Okay.
Frau, was hast du da gemacht?
Viel zu schnell alles!

Aber das Lächeln des Mannes hinter der Theke wischte alles beiseite.
Die Zweifel, die Unsicherheit, die Angst.
Sie lächelte zurück.

Da saß sie nun.
Wieder daheim.
Mit den gleichen Ängsten und Zweifeln, dachte an diese Augen, dieses Lächeln, dieses Gesicht.
Und genoß vor allem das Gefühl, daß ein Funken Leben in sie zurückgekehrt war.

Bis zum Samstag hatte sie noch einen harten Dienst vor sich.
Sie arbeitete in einer Jugendwohngemeinschaft, als Sozialarbeiterin.
Sieben Jugendliche unter einem Dach. Ganz normal »schwer erziehbar«.
Kinder, die schlechte Karten bekommen hatten, um mit dem Spiel »Leben« fertig zu werden. Die dann aber so werden sollten, wie es die Gesellschaft nun einmal erwartete. Schön brav, schön unauffällig, schön angepaßt.
Jugendliche, die keine Ahnung hatten, was Liebe ist, weil sie es nie erfahren hatten. Für die Tod, Trauer, Schmerzen, Leiden ganz normal und doch immer schmerzhaft waren.
Der Dienst in der WG dauerte immer 48 Stunden.
Bedeutete vielleicht acht Stunden Schlaf und 40 Stunden Kraft.
Es war immer was los.
40 Stunden Mama bzw. Papa spielen. Einkaufen, put-

zen, waschen, schauen, daß alles in Ordnung ist, Besuch von Arbeitsstätten und Schulen, Gespräche mit den Eltern, Lehrern, den Zuständigen beim Jugendamt und natürlich mit den Jugendlichen.
Verwaltung, Organisation, Ein- und Auszug von Jugendlichen, Absprachen im Team und in der Gruppe … und immer als Mensch da sein, wenn es ging.
Sie arbeitete dort seit einem halben Jahr. Es war sehr anstrengend und beanspruchte viel Zeit.
So war sie fast nie daheim, und wenn, brauchte sie Stunden, um sich zu regenerieren.
Der Nachteil, sie lebte hauptsächlich für die Arbeit.
Der Vorteil, sie konnte vor ihrem privaten Streß entfliehen.
Ihr Freund meinte, es würde ihm guttun, sie nicht so oft um sich zu haben wie in ihrer Studienzeit. Da wäre er gezwungen, sich auf sich selbst zu konzentrieren.
Und sie?
Sie war nicht mehr so selbstverständlich da, sondern selbstverständlich fort.
Doch an seinen mangelnden Bemühungen, sie zu erreichen, änderte sich nichts.
Beziehungsarbeit, Gespräche einzuleiten, Termine für gemeinsame Unternehmungen zu setzen … das war ihre Aufgabe.
Zusätzlich!
Eigentlich war sie vorher schon nicht mehr »selbstverständlich da« gewesen.
Während sie an ihrer Diplomarbeit schrieb, hatte sich ihr Verhalten schon verändert – wie jetzt – gezwungenermaßen.

Bewußt war es ihr schon früher, daß sie für ihre Selbstverständlichkeit mitverantwortlich war.
Jedes Spiel hat mindestens zwei Mitspieler!
Sie wußte eben nur nicht, wie sie aus der Rolle der »Mutter« herauskommen sollte.
Die Umsetzung war so schwer.
Doch während sie sich auf die Diplomarbeit konzentrierte, blieb ihr gar nichts anderes übrig. Sie hatte nicht mehr automatisch Zeit, wenn sie zu Hause war. Sie konnte nicht immer zuhören, weil ihr Kopf schon rotierte. Sie konnte nicht mehr die ganze Energie in ihn und die Beziehung stecken, weil sie selbst die meiste brauchte.
In dieser Zeit wehrte er sich ganz schrecklich.
Er versuchte sie immer wieder zu beschäftigen.
Einmal wollte er eine eigene Wohnung, dann verliebte er sich (nach seinen Aussagen beinahe), schließlich stellte er alles erneut in Frage und blieb.
Der Streß auch.
Denn wenn sie schon wolle, daß er eigenständig wird, solle sie auch die Konsequenzen ertragen.
Als sie ihre Arbeitsstelle antrat, tat er sich dabei leichter.
Anscheinend war ihre Anwesenheit für ihn also bedrohlich?!
Er wollte ausprobieren, testen, sich nicht mehr »einschränken« lassen, tun und lassen, was er will, frei sein … und das oft auf ihre Kosten.
In dieser Zeit entstand auch seine Idee mit der Fahrt.
Eine Trennung auf Probe?
Warum spielte sie da mit?
Weil sie die Rolle der »Mama« immer noch spielte

(wenn auch jetzt als arbeitende) und geduldig darauf wartete, daß sich ihr Sohn bald ausgetobt haben würde.
Tja, ihr Sohn war nun fort.
Und ein Teil von ihr, den sie noch nicht in Worte fassen konnte.
Vielleicht war das ihrer beider Chance.
Vielleicht lernten sie, wie sie eine wirkliche Partnerschaft aufbauen könnten.
Vielleicht ...
Doch jetzt mußte sie erst einmal schauen, daß sie mit sich selbst zurechtkam, sich um sich selbst kümmerte, es sich gut gehen ließ ...
Lauter Dinge, die ihr so schwer fielen.
Für andere? Ja!
Für sich selbst? Das war schwer.
Mal sehen, ob sie das konnte.

Samstag.
Weiche Knie, feuchte Hände – ansonsten wie immer – alles im Griff.
Oh, wie geübt sie darin schon war, die Unsicherheit zu verstecken.
Wenn sie es aussprach, glaubte ihr niemand.
Sie und schüchtern, das gab es nicht.
Ihr Herz klopfte bis zum Hals.
Einige Minuten lang.
Dann hatte sie sich wieder.
Die Augen lächelten sie an und erklärten.
Sie begriff schnell.
Nur ab und zu ein Fehler; oder waren es doch mehrere?

Egal!
Stolz füllte ihren Bauch.
Die ganze Frau nur Mut.
So ein Gefühl, vor nichts und niemandem mehr Angst haben zu brauchen.
Sie schwebte lächelnd durch die Kneipe.
Faszinierte die Gäste.
Faszinierte sich selbst.
Und dann die Augen, die sie begleiteten.
Das Lächeln, das sie ermunterte.
Und bewunderte?
Egal!
Das Leben hatte sie wieder.
Die Lebensfreude breitete sich in ihr aus.
Beinahe hätte sie deswegen ein schlechtes Gewissen bekommen.
Beinahe!
Doch heute abend war kein Platz dafür.

Feierabend.
Abrechnung.
Gehst du noch mit in die nächste Disco, hörte sie die Augen fragen.
Auf diese Frage hatte sie so gewartet.
Natürlich, sagte sie.
Und dachte, sie würde mit ihm bis ans Ende der Welt gehen.
Auf jeden Fall heute.

Die Disco.
Er war verstimmt, weil sich die anderen, die er überredet hatte, noch mitzugehen, nicht sofort an den von ihm

organisierten Tisch setzen wollten, sondern noch irgendein Spiel spielten.
Sie war ruhig in sich, nahm ihr Glas, stand an der Tanzfläche, alle anderen stehenlassend, mit sich allein, nur diesmal glücklich und zufrieden.
Zwischendrin tanzte sie im Rhythmus ihres Lebens.
Wieder neu-entdeckt.
Später doch am Tisch.
Er hatte ihr Bescheid gegeben.
Wieder sein Lächeln, das später am Tisch irgendwie einer Maske glich.
Er wirkte unsicher, bemüht, alle zu unterhalten oder so.
Sie brodelte vor Energie.
Rannte ab und zu zur Tanzfläche, andere mitreißend durch ihre »gute Laune«.
Plötzlich krallte sich in ihr ein Wunsch fest.
Und bevor sie noch dazu kam, darüber nachzudenken, hörte sie ihre Stimme schon, die den Augen in die Ohren flüsterte: Darf ich dich etwas Unanständiges fragen?
Was denn?
Gehst du heute mit zu mir? Ich möchte nicht alleine schlafen.
Einfach nur so in deinen Armen liegen.
Einfach nur so? Warum ist das denn dann unanständig?
Sie wußte es nicht.
Besser gesagt, sie wollte heute nicht darüber nachdenken.
(Ihr Kopf schien eh nicht zu funktionieren!)
Das für sie »Unanständige« waren ihre Gefühle zu diesem Mann, mit denen sie ihren Freund betrog, diese Gefühle, die so stark waren, daß ein tatsächliches Miteinander-Schlafen nur deren Ausdruck gewesen wäre.
Doch diese Gefühle wollte sie sich nicht eingestehen.

Nicht heute (und möglichst überhaupt nicht)!
Liebe ist gefährlich.
Doch all das dachte sie erst viel, viel später.
Auf jeden Fall wollte er doch wirklich mitgehen.
Sie war ganz schrecklich aufgeregt.
Wieder alles so schnell!
Nichts konnte sie aufhalten.

Heute!
Nicht nur seine herrlichen Augen, nicht nur sein umwerfendes Lächeln, nicht nur seine Nähe auf Distanz ..., sondern auch seine warme, weiche Haut, seine liebevollen Arme, seine Lippen ..., und sie war diejenige, die zu schnell war und ihn doch verführte.
Nichts hatte heute mehr in ihr Platz, außer diesem Mann, nicht einmal ein schlechtes Gewissen.
Stunden der Ewigkeit, ein Aufheben von Raum und Zeit – und doch viel zu kurz.
Er mußte mittags in die Kneipe.
Sie fuhr mit (eigentlich um ihr Auto zu holen, ha).
Ein weiterer Tag im Rausch.
Menschen, Interesse, Leben.
Und die Nähe des Wirtes.
Sie liebte sie. Sie gab ihr Kraft, stärkte und beruhigte sie.
Am liebsten wäre sie nie mehr von ihm gewichen.

Ich habe Angst, mich zu binden, sagte er im Gespräch mit den anderen Gästen.
Sie sagte, daß sie das schon lange wüßte.
Er schaute überrascht.
Sie wußte es tatsächlich schon von dem Moment an, als

er ihr von seiner unerfüllten Verehrung zu dieser anderen Frau erzählt hatte.
Machte es ihr deswegen keine Angst, weil sein Herz noch nicht frei war?
Weil er Angst vor Beziehungen hatte?
Damit konnte er ja ihrer Beziehung nicht gefährlich werden!?
Sicher?
Nicht nachdenken!
Sie wollte sich am Leben besaufen.
Noch war sie so stark, ihrem Kopf die Kontrolle zu entziehen.
Die gutangepaßte, mütterliche, brave, treudoofe So-tun-als-ob-doch-nicht-zu-laut-Emanze ... in die Ecke zu verbannen.
Die andere Frau in ihr, die ihr Selbst behinderte.
Und sie würde sich noch wundern, wie stark diese war.
Doch jetzt kam erst einmal die andere Frau zum Zuge, die, die sie gar nicht so kannte.
Die ihr vielleicht ein- oder zweimal begegnet war.
Oder waren es immer verschiedene Frauen?
Egal!

Damals, als sie sich von ihrem ersten langjährigen Freund getrennt hatte, war sie einundzwanzig.
Ein Radikalschlag.
Kein Zuhause mehr, da sie bei ihm gewohnt hatte.
Keine Arbeit, da sie gerade ein Fachhochschulstudium abgebrochen hatte, das sie seinetwegen überhaupt erst angefangen hatte.
Und diese schmerzvolle Trennung.
Sie hatte sich widerlich »freiheitlich« verhalten (so ähn-

lich wie ihr jetziger Freund ihr gegenüber), wahrscheinlich, da sie insgeheim gehofft hatte, er würde sie dann nicht mehr ertragen können.

Das tat er auch nicht, trotzdem schmiß er sie nicht hinaus.

Also mußte sie gehen.

Sie brauchte sogar ein »Sprungbrett« aus dieser Beziehung.

Einen Mann, der überhaupt nicht zu ihr paßte und in den sie sich entgegen ihrer Vernunft verliebte.

Die Gegenstimme verdrängte sie immer wieder ganz schnell.

Auf jeden Fall hatte sie durch die Gefühle zu diesem Mann kapiert, daß sie sich von dem anderen trennen mußte.

Sonst hatte sie nichts.

Ganz neu anfangen, ganz anders!

Zum erstenmal eine eigene Wohnung, eine Arbeit bei McDonalds, die sie am Existenzminimum hielt, aber immerhin.

Sie sprühte vor Energie, nichts konnte sie aufhalten.

Sie lebte auf, als sie zum ersten Mal das Gefühl hatte, ihr Leben in den eigenen Händen zu halten.

»Ich habe meinen Mann für eine Frau verlassen. Für mich!«

Sicherheit, Geborgenheit, Alltag ... das reichte ihr nicht mehr aus, löste in ihr Unruhe, Langeweile und Einsamkeit aus.

Ein Leben ohne besondere Vorkommnisse, wie es so viele leben.

Nein, das war ihr zu wenig.

Sie machte sich auf die Suche nach der Liebe in ihr.

Sie wußte zu dieser Zeit noch nicht, wie schwer und wie lange dieser Weg war.

Vier Jahre später war dann das mit den Zigaretten.
Sie wußte genau, daß etwas mit ihr nicht stimmte.
Das Trennungen weh tun, okay.
Aber so?
Schon damals wollte sie irgend jemanden aufsuchen.
Jemanden, der/die ihr beim Suchen helfen sollte.
Durch Zufall fand sie sie allein.
Die Erkenntnis war hart.
Eigentlich konnte sie Männer gar nicht leiden.
Sie hatte Angst vor ihnen.
Warum?
Männer vergewaltigen, schlagen, benutzen, quälen … Frauen.
Männer sind Ungeheuer, sie lassen Frauen leiden, egal wie.
Daß sie bis dahin das Leiden »gesucht« hatte, wurde ihr erst jetzt bewußt – denn im Leiden kannte sie sich aus.
Im Grunde hatte sie sogar Angst vor dem Glück.
Nach dem Glück muß einfach ein ganz großer Tiefpunkt kommen.
So begab sie sich immer wieder in Beziehungen, die ihr Leiden brachten.
Die Männer, die wirklich an ihr interessiert waren, waren nicht »cool«, nicht unnahbar … und deswegen beachtete sie sie kaum oder nützte sie sogar aus, obwohl sie das auf keinen Fall gewollt hatte.
Sie liebte Männer, denen sie hinterherrennen mußte, die es zu erobern galt, die ebenfalls Schwierigkeiten hatten, ihre Gefühle zu zeigen, bei denen sie an einen guten

Kern glauben konnte, deren Fehler sie höchstens reizten, sie verändern zu wollen …
Daß sie nur sich selbst verändern konnte – und auch mußte, das wollte sie nicht wahrhaben.
In jeder Beziehung spielte sie »Show«.
Sie verhielt sich so, wie es der Mann erwartete.
Sie tat Dinge, von denen sie glaubte, er würde sie erwarten … und hatte umgekehrt hohe Erwartungen an ihn, sich ihrer »Liebe« erkenntlich zu zeigen, verlor damit immer mehr ihr Selbst, sich selbst … bis sie wieder die andere Frau in sich spürte, die, die sich wehrte.
Jedesmal ein Kampf in ihr und mit dem Mann.
Ein Schlußstrich, immer von seiner Seite (sie brachte sie schon soweit, dann war der Mann der »Böse«).
Männer taugen halt nichts.
Leiden in der Beziehung … bis zur nächsten.
Ein Scheißspiel!
Ein Machtkampf – wer gewinnt?
Lieben konnte sie gar nicht, noch nicht einmal sich selbst.
Wie auch – sie wußte ja nicht einmal, wer sie war.

Das alles hatte sie nun endlich kapiert.
Doch wie jetzt damit umgehen?
Nun lebte sie erst einmal auf.
Sie tat nur noch das, was sie wollte, stieß andere damit oft vor den Kopf, war so, wie es ihr gerade ging, war nicht mehr bereit, ständig automatisch für irgend jemanden dazusein, dessen Sorgen anzuhören, damit sie sich nicht um ihre eigenen kümmern mußte, war nicht mehr die ständig lächelnde Frau, immer zu Diensten,

die ihren Kummer runterschluckte, notfalls mit Alkohol.
Viele ihrer Bekannten waren schockiert, zogen sich von ihr zurück.
Einige bewunderten sie und profitierten von ihrer Entwicklung, und einige neue fühlten sich angezogen.
Doch dies war alles noch einfach im Vergleich zu dem, was dann kam.
Denn in dieser Zeit hatte sie nur noch lose Verbindungen und damit keine Gefahr für ihr Selbst.
Je mehr Gefühl, desto schwerer.
Die tiefsitzende Angst der Einsamkeit, ausgelöst durch die Ablehnung »anderer«.

Bei dem Mann, der jetzt in Asien sein »Unwesen« trieb, übte sie das Lieben.
Wie fing alles an?
Nach vier Monaten purem Egoismus, die Frage nach dem Sinn des Lebens im Kopf, das Bewußtsein der Katastrophe von Tschernobyl und eine unerklärliche Angst im Bauch, saß sie mit einigen ihrer besten Freunde in der Kneipe, um einen Geburtstag zu feiern.
Ein Mann, den sie schon vier Jahre kannte, mit dem sie alles geteilt hatte, Freud und Leid, mit dem sie oft zusammengewesen ist, ihr bester männlicher Freund.
Plötzlich alles ganz anders.
»Tausendmal berührt, tausendmal ist nichts passiert ...«
Was ist denn passiert?
Ihr Herz schlug für ihn, ihre Augen sahen ihn plötzlich ganz anders und ihre Sexualität regte sich.
Ihm ging es nicht anders – und damit war alles ganz anders.

Sie hatte ein so großes Vertrauen in ihn, ein Vertrauen, das eben in all diesen Jahren gewachsen war.
Sie ließ sich fallen und fiel mit ihm hinein in ein »Spiel«, dem sie sich nicht mehr entziehen konnten.
Was vorher noch so einfach und unkompliziert war, wurde zum Beziehungsstreß.
Doch zuerst einmal genoß sie es.
Sie erlebte es wie einen befreienden Sprung in ein prikkelndes Bad.
Und sie badete.
Eine Wohltat für ihren geschundenen, gequälten, mißhandelten und selbstverstümmelten Körper.
Eine Entdeckung der von ihr noch nie so gelebten Sexualität.
Eine liebevolle Annahme ihrer selbst.
Keine Fassade mehr, das hätte er ihr sowieso nicht geglaubt, er kannte sie zu gut.
Keine Trennung mehr. Dieser Mann bekam alles von ihr – ihr Herz, ihren Verstand und ihren Körper.
Sie entwickelte sich zu einer Einheit und konnte deshalb breitgefächerter leben und erleben.
Sie verwirklichten miteinander einen gemeinsamen Traum, zogen in ein Haus mit Garten, Hund und Katzen.
Es wurde zum Alptraum.
Er empfand es immer mehr als eine Art Gefängnis und sie, aus Angst, ihn zu verlieren, opferte einen Teil ihrer Persönlichkeit.
Sie zahlte einen zu hohen Preis für etwas, das sie nicht loslassen wollte.
Sie wußte nicht mehr, wo ihre Grenzen waren, und er trampelte die ganze Zeit darüber.

Was muß frau sich gefallen lassen? Was nicht?
Darf frau Grenzen setzen? Was ist mit der grenzenlosen Liebe?
Darf frau überhaupt fordern?
Was ist mit dem Verständnis?
Wann geht es an die eigene Substanz?
Wie ist das mit Eifersucht und Sehnsucht?
Ist es eine Sucht?
Was heißt frei lieben?
Da war sie wieder, ihre Erziehung.
Eine »liebe« Frau ist mehr Mutter ihres Mannes!?
Und ihre eigenen »Freiheiten« nervten sie auch immer mehr, damit mußte sie ihre Bedürfnisse ständig rechtfertigen.
Es gab nichts, was ihn an ihr störte, nichts, was er an ihr kritisierte, außer sie kritisierte ihn oder wollte nicht mit ihm schlafen.
Keine Augenblicke, in denen er eifersüchtig war, in denen er sich ihrer unsicher fühlte, und immer weniger Augenblicke, in denen er sich nach ihr sehnte.
Sie wurde zur Selbstverständlichkeit und machte sich selber dazu.
Als sie während ihrer Diplomarbeit anfing, sich um sich selbst zu kümmern, ihn nicht mehr therapieren wollte, weniger Zeit hatte, Grenzen – wenn auch weite – setzte … rotierte er immer mehr.
Irgendwie suchte er nach Punkten, sie zu verletzen, denn dann war sie wieder mit ihm und der Beziehung beschäftigt.
Es traf sie immer weniger, da sie sich mehr und mehr zurückzog.
Dann eröffnete er ihr den Plan mit seiner Fahrt.

Das traf sie wieder.
Eine »böse« Frau muß Mann verlassen.
Sie rotierte, wechselte ihr Verhalten ständig, wußte überhaupt nichts mehr – denn alles in ihr stritt sich.
Wie damals, als ihr Vater starb.
Doch diesmal konnte sie sich an die Hoffnung »Es wird alles wieder gut« klammern wie an einen Strohhalm.
Diesmal hatte sie ein Gegenüber, das sie anschrie, anweinte, anbettelte ... ständig fragte, um verstehen zu können.
Und er.
Er konnte sich seit langem mal wieder auf die Beziehung einlassen und auf sie, konnte zuhören, sich auseinandersetzen – da sein.
Vielleicht machte ihm eine begrenzte Zeit nicht so viel Angst?
Sie sprachen über ihre Vorstellungen von Beziehung, über ihre Träume, ihre Gedanken und Gefühle.
Oh Gott, wie weit hatten sie sich voneinander entfernt, ohne es bemerkt zu haben.
Sie redete von Beziehung.
Er von Freiheit.
Alles, was er wollte, hatte nichts mit ihr zu tun.
Er redete, wie sie bei ihrem ersten langjährigen Freund geredet hatte.
Und sie hatte doch so gehofft, daß er schon weiter wäre, als sie es damals war.
Alles in ihr tat weh.
Ihr Herz zersplitterte, ihr Kopf sagte »Nein«, und am Schluß blieb nur noch ihr Körper übrig und die Seele, die nach Schutz und Geborgenheit schrie.

Nach dem, was sie sich noch nie selbst hatte geben können.
In den letzten Jahren war sie wieder da, die Angst vor Männern.
Parallel zu ihrem Verständnis und der Zuneigung ihnen gegenüber.
Haß, eine nichtgelebte Angst?
Bisher hatte sie ihr Freund beschützt, vor der »bösen« Welt da draußen.
In seine Arme konnte sie flüchten, wenn sie Halt brauchte …
Jetzt hatte sie nur noch sich.
Sie mußte lernen, sich selbst zu schützen und zu halten, in sich die Geborgenheit und Sicherheit suchen …
Dazu war die Kneipe ein hartes, aber gutes Übungsfeld.

Ihre einzige Bedingung an den Wirt war, daß er hinter ihren Reaktionen stehen sollte, falls sie mal »angemacht« werden würde.
Das war anscheinend ihre einzige Befürchtung!?
Eine reine Vorsichtsmaßnahme und ein kleiner Halt.
Sie war von sich selbst überrascht, denn ihre Ausstrahlung schien die meisten abzuschrecken, und bei den anderen konnte sie sich sehr gut verteidigen.
Sie war stolz auf sich, schwebte meist lächelnd durch die Kneipe oder schimpfte vor sich hin … und wirkte öfters unwiderstehlich auf die Männer.
Viele verliebten sich in sie, ihre Lebendigkeit, ihre Lebensfreude, ihre Liebe, die sie ausstrahlte, in ihren Körper …, egal, dafür hatte sie dann das Schutzschild: ihren Freund.
Sie benutzte es auch gegenüber den Augen.

Sie wollte einfach alles.
Sich nirgends einschränken lassen und damit auf nichts einlassen.
Sie wollte die Nähe der Augen genießen, auch die körperliche, jedoch nur, wenn die anderen nichts davon mitbekamen, damit sie weiter begehrt und bewundert würde … auf Distanz.
Sie war so ausgehungert, wollte wieder Frau sein, bloß keine Mutter mehr oder irgend etwas ähnliches.
Kam ihr das nicht alles irgendwie bekannt vor?
Lebte sie nicht gerade das Leben ihres Freundes, das sie so haßte?
Sie hörte ständig Musik, ging gerne fort, traf Leute einfach so, genoß oberflächliche Gespräche, wurde gern bestätigt, achtete verstärkt auf ihre Figur, setzte ihre Fortgehmaske auf, trank mehr, war öfters gereizt und unausgeglichen, versprach mehr, als sie zu geben bereit war, konsumierte …
Tja, wieder mal selbst erwischt.
War sie denn vorher ständig sein Gewissen?
Konnte sie erst jetzt so leben, da er nicht mehr da war?
Also auch einen Teil von ihr?
Einen Teil, den sie bisher immer verachtet und verlacht hatte oder geduldet.
Jetzt konnte sie ihn in sich integrieren und wenn die Zeit reif wäre, sich damit auseinandersetzen.
Doch vorerst genoß sie nur.
Den Augen schrieb sie einen Brief.
Irgend etwas von wegen Genießen, nicht Nachdenken, bla, bla.
Im Grunde wollte sie ihn doch nur hinhalten oder von ihr fernhalten.

Auf jeden Fall entstanden so die ersten Wunden, die sie ihm schlug.
Er erzählte irgendeinem Verehrer von ihr, er solle die Finger von ihr lassen; wenn jemand eine Chance hätte, dann er.
Und das Schlimmste, er sagte auch noch, daß er bei ihr war.
Und sie war sauer.
Wie konnte er nur?
Wenn, dann will sie diese Dinge schon selbst klären.
Er sollte sich da nicht einmischen. Das sagte sie ihm auch.
Ihr wurde erst sehr viel später bewußt, wie sehr sie ihn damit verletzt hatte.
Nicht, daß sie es selbst klären wollte, sondern daß sie nicht zu ihren Gefühlen zu ihm stand, nicht stehen konnte und keinen »Verehrer« verlieren wollte.
(Das hatte sie vor einiger Zeit noch ihrem Freund vorgeworfen!)
Und warum konnte sie nicht?
Weil sie Angst hatte.
Weil sie zu sich selbst und ihren Gefühlen kein Vertrauen hatte.
Weil sie zu dieser Zeit Selbstbestätigung brauchte.
(Auch so ein armes Schwein, das die ganze Zeit das Selbst bestätigt haben will?)
Und sie stürzte sich in alles Mögliche, um dieses bestätigt zu bekommen, so unsicher war sie sich ihrer selbst – wenigstens in bestimmten Punkten.
Doch diese Selbsteinsichten kamen erst später. Auch das bewußte Wahrnehmen ihrer Angst.
Darum möglichst nicht hin(ein)sehen.

In diese wunderschönen Augen.
Und damit in sich selbst.
Was sie jedoch in dieser Zeit lernte, war, aus sich Kraft zu schöpfen, herauszufinden, was sie aus ihrer »Mitte« brachte, und diese wiederherzustellen; sie war erstaunt über ihre übersprudelnde Energie.
Sie wußte schon gar nicht mehr, wieviel sie davon hatte, weil sie sie für ihre Beziehung verschwendet hatte.
Sie erstarkte, auch wenn sie kamen, die Zweifel, die Sehnsucht nach der Vertrautheit zu ihrem Freund, die Gedanken ...
Bloß nicht sentimental werden zu einer solch sentimentalen Zeit.

Weihnachten nahte.
Sie bekam eine Karte.
08/15.
So hätte der Text auch an eine Frau Sowieso lauten können.
»Ich hoffe, es geht Euch gut und wünsche Dir Frohe Weihnachten und ein gutes Neues Jahr« – sonst nichts!?
Ein kurzer Aufschrei in ihrem Inneren.
Ein Sturz in die Arbeit.
Und davon gab es genügend.
Vorbereitungen, Dienst schieben, Jugendliche, die sich nach dem gleichen sehnten wie sie, etwas Wärme und Liebe.
Sie versuchte ihnen etwas Freude zu schenken, um ihre eigene Leere nicht mehr spüren zu müssen.

Die Augen waren sehr beschäftigt, hatten keine Zeit für sie.
Sie war enttäuscht.
Ein Abend, an dem sie sich nach seiner Haut sehnte.
Er war müde.
War er das wirklich?
Wie konnte er nur zu müde für sie sein?
Zweifel, Unsicherheit, Angst.
Mit Abfuhren hatte sie noch nie umgehen können.
Sie fühlte sich abgelehnt.
Mochte er sie denn nicht mehr?
Etwas setzte sich in ihr fest, breitete sich im Laufe der Zeit immer mehr aus und vergiftete sie.

Weihnachten.
Bei Kerzenlicht, Fondue und Gitarrenklängen, mit den Jugendlichen.
Überstanden.

Der 30.12.
Die letzte Eintragung ins Trennungsbuch.
Darin hatte sie alles niedergeschrieben.
Ihre Wut, ihre Verzweiflung, ihre Hoffnung, einfach alles, was ihr half, sich mit der Fahrt ihres Freundes auseinanderzusetzen.

»Schon lange nichts mehr geschrieben.
Wenigstens nicht in dieses Buch.
Du warst weg – aus.
Zwei Wochen noch Qual, Leid, Schmerz, Trauer – zwischendrin Lichtblicke, immer öfter, immer länger.
Lebensmut.

Lebensfreude.
Ich habe noch über die Phasen unserer Beziehung nachgedacht, dann nichts mehr.
Konsum. Freude. Genuß.
Ein neues Selbstbewußtsein, ein neues Selbstvertrauen.
Viel Mut bewiesen, immer wieder über meinen Schatten springend, und ein Baden in den Gefühlen, die mir von außen entgegengebracht werden.
Jetzt stehe ich wieder etwas still.
Rotiere äußerlich nicht mehr so sehr.
Kann wieder ein paar Gedanken denken, ein paar Gefühle fühlen und in Worte fassen.
Was dich betrifft, bin ich tot.
Ich vermisse Dich nicht mehr.
Wenn ich an Dich denke, fühle ich nichts.
Daß Du wiederkommst, macht mir angst.
Ich weiß nicht, ob Du noch in mein Leben paßt.
Doch ich habe ja noch zwei Monate.
Es wird viel passieren.
Nur was, weiß ich nicht.
Was habe ich denn schon zu verlieren?
Ich habe mich.
Noch etwas unsicher.
Ich muß lernen, mir selbst zu vertrauen, mit allem fertig zu werden, egal wie weh es tut.
Mich dem Lebensfluß hinzugeben, alles zu riskieren und einfach ich zu sein.
Während ich das schreibe, meldet sich mein Magen.
Ich weiß, daß ich noch auf wackeligen Füßen stehe.
Doch ich werde es schaffen.
Ich weiß nur noch nicht wie, aber daß, das weiß ich.
Ich bin die Meisterin meines Lebens!«

So weit, so gut.
Es sollte noch ein langer, mühsamer Weg werden.
Jetzt führte der Weg erst mal in die Kneipe.
Sylvester feiern mit ihrer Freundin.
Es war ein schöner, ruhiger Abend.
Zu Mitternacht ein Kuß von den Augen.
Das war zu viel.
Sie hatte es sich so gewünscht, doch umgehen konnte sie nicht damit.
Also flüchten.
Möglichst schnell weg, in die nahegelegene Disco, mit ganz viel Sehnsucht im Bauch.
Überstanden.

Wieder ein Abend.
Wieder die Sehnsucht nach den Augen.
Wieder die Sehnsucht nach seiner Haut.
Wieder eine Abfuhr.
Und dann flirtete er auch noch mit so einer Bedienung herum.
Vor ihr!
Wollte er sie ärgern?
Hatte sie ihn zuvor verletzt?
Sie konnte sich nicht mehr daran erinnern, und in dieser Situation dachte sie schon gleich gar nicht darüber nach.
Sie kochte.
Also gut, das konnte er nicht mit ihr machen.
So fragte sie einen anderen. Der nickte.
Die Augen schauten ihr nach.
Bohrten sich in ihren Rücken.
Ach, was soll's.

Sie könnte ihm am nächsten Tag erzählen, sie hätte den Mann nur heimgefahren.

Der nächste Tag.
Ein schaler Geschmack, ein schlechtes Gewissen, Traurigkeit und eine gewisse Befriedigung ihrer »Abgrenzungsgefühle«.
Bloß jetzt nicht für einen Mann irgend etwas aufgeben.
Bloß nicht zuviel Gefühl.
Bloß nicht ...
Über diesen Abend fiel nie ein Wort.
Dafür passierte etwas anderes.

Ein paar Tage später.
In der Kneipe.
Sie arbeitete.
Mit den Augen.
Relativ ruhig heute.
Eine Frau betrat die Bildfläche.
Keine Schönheit, eigentlich unauffällig.
Und doch eine »Prinzessin«, die zur Audienz bittet.
War die nicht am Sylvesterabend auch schon da?
Männer stehen Schlange.
Die Augen auch – und springen an.
Sie konnte es nicht fassen.
Sie glaubte, ihr Herz zerbreche restlos.
Traurigkeit stieg in ihr auf, Angst, ihn zu verlieren.
Doch was hätte sie tun sollen?
Sie, die sie sowieso auf ihren Freund wartete, egal wie.
Ha.
Sie spielte, überspielte – und hätte vor Eifersucht zerplatzen können.

Doch ihr Herz öffnete endlich ihre Augen und Ohren. Sie war nicht mehr blind und taub ihm gegenüber. Sie schrieb einen Brief, den sie ihm nie gab.

»Ich liebe Dich, bin traurig … und doch froh.
Du hast mir radikal die Augen geöffnet.
Was für ein Scheißspiel.
Ein für mich schönes Spiel.
Ich habe es genossen.
Doch das, was ich in meinem tiefsten Inneren wollte, habe ich verspielt!? Nämlich Dich.
Was wollte ich sonst noch?
Einfach leben.
Nach all den Monaten der Qual, des Schmerzes, der Trennungsarbeit … habe ich wieder am Kelch des Lebens getrunken und mich sinnlos daran besoffen.
Vor lauter Gier habe ich nicht mehr abgesetzt, wollte nicht über den Kelchrand schauen.
Trotzdem habe ich so viel gesehen, ich habe es ignoriert.
Tja, da stehe ich nun.
Wie ein begossener Pudel.
Ich muß wieder zu mir und zu meiner Ruhe finden … und doch war alles wichtig für mich, und gut, um daraus zu lernen.
Was muß ich denn lernen?
Das weiß ich nicht so genau.
Es hat anscheinend sehr viel mit meinen Ängsten zu tun.
Angst, um mich zu vergeben, jemandem »nachzurennen«.
Unsicherheit.
Mein Kopf sagt, was habe ich schon zu verlieren? Gar nichts!
Einfach leben, einfach lieben.
Ist das wirklich so einfach?
Solange ich mich selbst habe, kann mir nichts passieren!

Okay, das habe ich im Kopf, in den Füßen noch lange nicht.
Ich habe Freunde gesucht.
Aber wie?
Ich habe alle betört und auf Armlänge ferngehalten.
Toll für meine Selbstbestätigung.
Die Gefühle zu Dir konnte ich dabei nicht brauchen.
Ich habe zu Dir gesagt, Du rennst vor mir weg.
Bin nicht ich schon vorher gerannt?
Es sollte doch niemand mitbekommen.
Ach, wie gut konnte ich mich hinter meinem Freund verstekken.
Ihn wollte ich schützen.
Wozu?
Wollte ich mich nicht einfach nur selbst schützen?
Ich konnte und wollte nicht zu Dir stehen.
Warum?
Ich hätte nur zu mir und zu meinen Gefühlen gestanden.
Es ist so, warum so tun, als ob es nicht so ist?
Damit niemand von mir schlecht denkt.
Meinen Freund nahm ich als Grund, doch ich habe ihn schon betrogen, mit den Gefühlen zu Dir.
Er hat mich nicht geschont.
Warum glaube ich, ihn schonen zu müssen?
Weil ich keine klaren Entscheidungen treffen kann?
Im Hier und Jetzt habe ich mich für Dich entschieden.
Oder doch nicht?
Bräuchte ich mehr Sicherheit von Dir, da ich so unsicher bin?
Einen Garantieschein?
Ich wollte schon seit einigen Tagen mit diesem Versteckspiel aufhören, doch es fiel mir so schwer.
Und jetzt?

Egal was ist, egal was wird, jetzt beginne ich damit, zu meinen Gefühlen zu stehen.
Es wird ein harter Weg, ich weiß es schon.
Doch ich muß da durch, sonst lerne ich es nie mehr.
Von Dir habe ich es erwartet, obwohl ich es selbst nicht kann.
Oder weil ich es selbst nicht kann?«

Nun war er also mit dieser Frau zusammen.
Nicht besonders glücklich, aber immerhin.
Die Tage waren gezählt.
Trotzdem kam es ihr vor, als wären es Jahre; und doch wieder nicht.
Irgendwie hatte sie das Gefühl, es könnte sie nichts auseinanderbringen.
Da wäre etwas, das sie verband, das niemand zerstören könnte.
War das ihre Zuversicht?
Ihr Glaube?
Ihre Liebe?
Auf jeden Fall war da etwas.
Und noch ihr Körper, der mal wieder nach Zärtlichkeit, nach Geborgenheit, nach Schutz, nach Sex schrie.
Sie lernte einen schönen Mann kennen.
Sehr muskulös, schlank, lange schwarze Haare, sehr liebevoll, sehr charmant ... und nicht gefährlich.
Es paßte hervorragend.
Wenn sie bei ihm war, fühlte sie sich ausgeglichen, ruhig, geborgen.
Es war alles warm und weich.

Keine Angst mehr.
Im Grunde waren bei ihm die Anteile, die sie erst vor kurzem bei ihrem Freund so verletzt hatten, noch ausgeprägter.
Doch ihn konnte sie einfach so sein lassen.
Das genießen, was er ihr gab.
Und er gab ihr so verdammt viel.
Weil sie nichts erwartete?
Weil sie nichts erzwang?
Sie liebte ihn auf eine besondere Art und Weise, nur eines wollte sie auf keinen Fall, eine Partnerschaft mit ihm.
Durch ihn lernte sie ihren Freund besser verstehen – aber auch, daß sie mit einem solchen Mann nicht leben wollte.
Durch ihn lernte sie, wie sie mit den Augen umgehen sollte oder hätte sollen.
Das »einfach Genießen« im Hier und Jetzt, den anderen freilassen und trotzdem zu ihm bzw. ihr stehen und einiges mehr.
Durch ihn war sie so ruhig und ausgeglichen, daß sie den Augen anders begegnen konnte.

Doch irgend etwas bekämpfte sich. In ihr.
Mehrere Stimmen?
Mehrere Personen?
Ihre Beraterin meinte, es wären zwei Frauen, und sie solle sie doch mal miteinander sprechen lassen.
Das tat sie dann auch und nannte sie Maria und Femme fatal.

– Hallo Maria!
– Hallo Femme fatal, wie geht es dir?

– Hervorragend. Ich lebe, ich liebe, ich genieße das Leben. Und wie geht es dir?
– Nicht so gut, wenn ich sehe, was du machst.
– Wieso, was mache ich denn Schlimmes?
– Ja, siehst du das noch nicht einmal? Dein Freund, den du angeblich so geliebt hast, ist gerade mal drei Wochen weg, und du verliebst dich schon. Und dann hast du jetzt noch einen Liebhaber, anstatt dich für irgend etwas zu entscheiden. Die Beziehung setzt du aufs Spiel, gehst nicht mal auf die Augen ein, sondern mit einem anderen ins Bett. Und das alles nennst du nicht schlimm?
– Ich kann mich gerade nur für mich entscheiden. Mein Freund ist weit weg, auch innerlich. Ich genieße das Gefühl, verliebt zu sein, und bin stolz auf mich, wenn ich über meine Schatten springe, über die alten und die neuen. Ich möchte verliebt sein, ohne Erwartungen, daß es etwas werden muß. Ich möchte verliebt sein ohne meinen analytischen Verstand, der ständig alles ins kleinste Detail zerlegt. Ich möchte mich einfach fallen lassen können und schauen, was passiert. Ich möchte lernen, mich dann abzugrenzen, wenn es nötig wird.
Ich möchte meinen Gefühlen, meiner Wahrnehmung, meiner Intuition trauen, denn für irgend etwas muß das doch gut sein ... und wenn es nur diese Lernschritte sein sollten, ich muß da durch.
– Und was soll das mit deinem Liebhaber?
– Von ihm lerne ich so viel. Er läßt mich frei. Mit ihm kann ich das Hier und Jetzt genießen und die Sexualität. Ich schlafe gerne mit ihm. Vorher habe ich immer gedacht, meine Sexualität wäre von meinem Freund

abhängig. Bei ihm habe ich einen inneren Frieden, eine absolute Ruhe. Ich mag ihn sehr, deswegen kann ich so locker mit ihm umgehen. Wenn ich verliebt bin, bin ich am Rotieren. Er hilft mir, mit den Augen anders umzugehen. Ich kann wenigstens mal stehen bleiben und muß nicht ständig davonlaufen. Ich weiß, es klingt verrückt, aber in der Art, wie er mit mir umgeht, lerne ich, wie ich zu den Augen sein sollte … oder so ähnlich.

– Und was willst du machen, wenn es doch etwas mit den Augen werden sollte?

– Mein Liebhaber ist mir wichtig, aber die Augen sind mir um vieles wichtiger … doch selbst wenn es ein anderer sein sollte, der Liebhaber würde immer auf der Strecke bleiben.

– Also nützt du ihn aus?

– Nein, denn ich gebe ihm sehr viel. Trotzdem ist es nicht der Mann, den ich mir für eine Beziehung vorstelle. Er ist in bestimmten Punkten noch extremer als mein Freund, und das hatte ich ja schon zur Genüge. Ich will ihn nicht verändern, aber so wie er ist, paßt es nicht für mich. Und für die Gefühle, die ich bei ihm auslösen könnte, ist zuerst einmal er verantwortlich. Ich bin ehrlich, mehr kann ich nicht tun.

– Meinst du vielleicht, daß die Augen dem mehr entsprechen, was du dir unter einem Mann für eine Beziehung vorstellst.

– Ich weiß es nicht. Das ist einfach soviel Gefühl, da ist es mir egal, ob er vielleicht auch sehr anders zu leben gewohnt ist oder nicht. Da möchte ich ihn einfach nur umarmen, ihm nah sein.

– Und dein Freund? Was ist, wenn er zurückkommt?

Was ist, wenn du ihn doch liebst? Wie willst du das alles rechtfertigen? Wie willst du das mit deinen Gefühlen auf die Reihe bringen?

– Weißt du, der ist mir gerade auch egal. Als er weg war und es mir gutging, habe ich erst einmal den Kopf über mich geschüttelt. Mir geht es immer noch gut, und alle anderen schütteln den Kopf. Hätte ich denn drei Monate trauern sollen?

– Nein, das nicht, aber hättest du nicht drei Monate treu sein können?

– Das hätte ich, wenn ich gewollt hätte. Aber wozu? Viele haben es verstanden, daß er halt die Fahrt braucht. Ich brauche halt Zärtlichkeit, das Gefühl begehrt zu werden … und Sex.

– Aber warum hast du dich denn gleich verliebt? Wenn du deinen Freund wirklich geliebt hast, dann kannst du doch nicht deine Gefühle auf einen anderen übertragen.

– Weil ich es zugelassen habe. Solange ich mit meiner Beziehung beschäftigt war, haben mich andere Männer nicht interessiert. Jetzt beschäftige ich mich nur noch mit mir selbst und bin dafür verantwortlich, daß es mir gut geht. Und ich lasse es mir gut gehen.

– Ja, okay, das ist eine wichtige Erfahrung für dich, doch was hat das mit dem Verliebtsein zu tun? Damit hättest du drei Monate warten können.

– Was heißt da immer drei Monate? Vier Jahre. Vier Jahre habe ich darauf gewartet, daß sich mein Freund auch für die Beziehung entscheidet, sich dafür verantwortlich fühlt, daß er nicht mehr davonläuft, daß er sich einläßt, seine Gefühle zuläßt. Zuerst habe ich versucht, ihn zu therapieren – okay, das war falsch.

Ich wollte alles so schnell wie möglich haben. Dann habe ich mich verändert, doch damit konnte er kaum umgehen und mußte mich ständig verletzen. Jetzt mag ich nicht mehr. Ich will meine Ruhe. Er versucht sich selbst zu finden. Okay, soll er, aber ohne mich. Diesen Weg muß er alleine gehen. Und ich muß meinen gehen. Merkwürdig, wenn ich so rede, wird alles wieder klar in mir, aber wenn du redest, kommen sie wieder, die Zweifel, die Befürchtungen. Vielleicht doch, was dann?

– Ich glaube nicht, daß du deinen Freund wirklich geliebt hast, sonst könntest du nicht so reden. Liebe ist unvergänglich!

– Ich habe noch nie einen Menschen so geliebt wie ihn. Ich weiß, daß ich aus dieser Liebe Kraft und Energie erhalte. Wahrscheinlich liebe ich ihn auch jetzt noch. Doch das heißt nicht, daß ich mit ihm leben und zusammensein muß. Im Gegenteil. Wenn er seine Freiheit braucht, würde ich ihn doch nur behindern. Also ist es gut, sich zu trennen. Schau, bei meinem Geliebten ist mir das so klar. Ein lieber Mann, toll, mit ihm zusammenzusein … und morgen? Morgen kann er schon fort sein. Irgendwo. Bis morgen ist lange, doch nicht für eine Beziehung. Ich will einen Mann, mit dem ich irgend etwas aufbauen kann, eine Familie, ein Projekt oder beides. Ich möchte mit einem Partner ein Leben teilen.

– Und du meinst, du kannst es so erreichen? So, wie du drauf bist? Ist das nicht ein Leben teilen, wenn eine/r einen Traum verwirklicht?

– Ich werde es erreichen! Doch vorher muß ich noch einiges an mir arbeiten. Das tue ich gerade. Ja, und das

Teilen. Diesen Traum wollte mein Freund gar nicht mit mir teilen, weder bei der Idee noch bei der Ausführung. Ich war draußen. Das einzige, was mir zugeteilt wurde, war die Verantwortlichkeit für Haus, Hund und Garten. Und dagegen habe ich mich sogar aufgelehnt.

– Und wenn dein Freund sich auch verändert hat?

– Dann akzeptiert er es auch, was bei mir alles passiert. Daß das für mich wichtig war. Er würde verstehen.

– Eigentlich bist du gerade so, wie du es umgekehrt an deinem Freund immer kritisiert hast. Du trinkst zuviel, ziehst viel Selbstbestätigung aus deinem Aussehen und Ansehen bei Männern, bist ständig unterwegs, schaust den Männern nach ... und tust so, als ob du keine Beziehung hättest.

– Stimmt. Und trotzdem gibt es Unterschiede. Erst einmal war es für mich eine unfreiwillige Trennung und auch eine Trennung für immer, wenn es auch »nur« von diesem Mann und dieser Frau sein sollte. Zweitens brauche ich nicht mehr das »schlechte Gewissen« meines Freundes spielen und kann darum diese Teile auch einmal leben und in mich integrieren. Damit kann ich mein Selbstverantwortungsgefühl stärken. Drittens bin ich nicht ausschließlich »so«. Ich schreibe wieder viel, male, bin oft in Bewegung, muß hart arbeiten, setze mich mit mir auseinander und vieles mehr. Was willst du eigentlich von mir? Soll ich nun als braves »Hausmütterchen« warten, bis mein Freund gedenkt, wieder nach Hause zu kommen?

– Überlege doch einmal. Willst du wirklich vier Jahre hinschmeißen? Einfach so? Du hast doch auch schöne Zeiten in deiner Beziehung erlebt. Nur weil er einmal das macht, was nur er will? Ist das das trotzige Kind in dir? Muß denn alles nach deiner Pfeife tanzen?

– Natürlich waren auch schöne Zeiten dabei, sonst wäre ich nicht so lange geblieben. Ich werde auch noch viel Zeit brauchen, um es abschließen zu können. Ob es mein trotziges Kind ist? Ich weiß es nicht. Doch würdest du einer Frau raten, bei ihrem Mann zu bleiben, der sie schlägt, weil er schlagen muß, um sein Selbstwertgefühl zu heben? Wenn mein Freund auf meinem Weg landen sollte, können wir beide weitersehen. Jetzt sind wir beide ein Risiko eingegangen. Alles oder nichts. Er mit seiner Fahrt, ich mit einem anderen Leben. Welche Konsequenzen sich daraus ergeben, ist einfach noch unklar.

– Stimmt eigentlich. Ich werde plötzlich ganz ruhig, und wenn ich mir unser Gespräch so anschaue, so schlimm bist du gar nicht. Du weißt ungefähr, was du willst, und bestimmte Dinge bewundere ich sogar an dir. Die Kraft, die du gerade hast, sehr viel Energie, nach allen Richtungen. Wieder so viele Ideen, Kreativität und soviel Mut ... alles, was auf der Strecke geblieben ist.

– Und das ist genau meine Befürchtung, daß ich dies alles für die Augen aufgeben würde, daß ich mich wieder nur um eine Beziehung kümmere und nicht mehr um mich selbst. Ich habe Angst, daß ich mich wieder selbst verliere. Hinter meinem Freund kann ich mich so gut verstecken. Doch ich weiß auch, daß es so nicht weitergehen kann. Ich möchte mich auf die Augen einlassen, trotz meiner Angst. Hältst du deswegen so an meinem Freund fest, weil du Angst hast vor dem tatsächlichen Alleinsein? So in der Richtung

»noch ein Eisen im Feuer«, falls das mit den Augen nichts wird?

– Das könnte sein. Denn erstens trennt sich frau nicht, schon gar nicht, wenn der Mann für drei Monate wegfährt, und zweitens erduldet frau lieber vieles, als ganz allein zu sein. Viele Frauen, die ich kenne, machen das so, auch meine Mutter. Lieber einen Mann, der zwischendrin die Wäsche bringt, das Auto repariert ... als gar keinen. Bei meinem Freund ist das vielleicht nicht ganz so extrem, er ist mir jedoch sofort eingefallen, als du das gesagt hast. Das erstere liegt mir ebenfalls im Magen. Ach, so nehmen, wie sie sind ... Darum streite ich auch ständig mit dir über Sinn und Zweck von Erwartungen und Grenzen.

– Ja, ich weiß. Ich glaube, wir müssen noch viel über uns lernen bzw. von uns. Mist, ich muß schon wieder an die Augen denken. Der Blick, der mir so unter die Haut geht und mein Herz zum Klopfen bringt. Schau, in solchen Augenblicken scheiße ich auf deine Moral, deine Prinzipien, deine Ordnung.

– Ich weiß. Doch ich komme immer wieder zum Zuge, nicht wahr!?

Du kannst mich nicht ausschalten. Doch so, wie du deine Berechtigung hast, habe ich auch meine. Wir sollten einfach einen Weg finden, uns auszusöhnen, einen, mit dem wir uns beide wohlfühlen. Mit den Augen haben wir anscheinend größere Probleme. Bei deinem Geliebten denke ich mir, die kommt halt mit ihrer Sexualität nicht klar. Sie kann eben nicht auf Zärtlichkeiten verzichten. Doch bei den Augen verstehe ich dich nicht.

– Ich auch nicht. Deswegen schaffst du es auch, mich

umzuwerfen oder wenigstens ein Stückchen zurückzuwerfen. Gerade mit Dir würden die Augen wahrscheinlich blendend auskommen, doch die eine bedingt die andere. Vielleicht müssen wir nur zusammenwachsen.

– Genau, da war doch etwas. Viele Dinge vermißt du bei deinem Freund, die die Augen verkörpern. Eifersucht, Sehnsucht, Gefühle offen zeigen, Lebendigkeit und einiges mehr.

Pause.
Drei Tage Waffenstillstand zwischen den Frauen, den Stimmen in ihr.
Ein Abend.
Wieder einmal in der Kneipe.
Nach Feierabend noch gar nicht müde.
Komm, wir gehen zu dir, sagten die Augen.
Sie nickte.
Ein Mann geht mit.
Ein gemeinsamer Freund.
Sie schmiedeten Pläne über eine gemeinsame Kneipe.
Der andere ging.
Die Augen wollten auch nach Hause.
Sie versuchte ihn zu halten.
Zuerst mit Bitten, dann mit Sex.
Eines ihrer »Lieblingsspiele«.
Doch er blieb nicht.
Dafür sie zurück.
Mit ihren Zweifeln, ihrer Angst, ihrer Unsicherheit.
Es schnürte ihr den Hals zu.
Ihre Tränen konnten also nicht fließen und überschwemmten ihren Kopf.

Sie kam sich so lächerlich vor und so erniedrigt.
Nur weil er daheim schlafen wollte?
Oder eher durch ihr eigenes Verhalten?
Warum konnte sie heute so schwer loslassen?
Weil sie Angst hatte?
Vor der nächsten Begegnung?
Vor dem Nicht-geliebt-Werden?
Fragen über Fragen, die sie einhüllten in einen unruhigen Schlaf.

Am nächsten Tag:
Seelenkater zusätzlich zum anderen Kater.
Oder war es nur der eine?
Und Maria konnte wieder erbarmungslos zuschlagen, in ihre offene Wunde.
Aus ihr blutete die Angst.

– So, jetzt hast du es wieder geschafft. Ich bin total wütend auf dich. Hast du unbedingt mit den Augen schlafen müssen? Toll, wie du dich wieder aufgeführt hast, wie eine Sexbestie. Was soll er denn nur von dir halten? Und dann noch diese Annäherungsversuche vor Zeugen und überhaupt.
– Ja, ja, aber das wollte ich doch. Meine Gefühle zeigen, sie nicht mehr verstecken müssen. Scheiße, ich bin schon wieder in der Rechtfertigungshaltung. Ich bin ganz klein und habe einen Seelenkater von deinen Vorwürfen. Für dich wäre doch alles in Ordnung gewesen, wenn er dir eine Liebeserklärung gemacht hätte, nicht wahr?
– Stimmt, das muß ich zugeben. Damit wäre es mir um einiges besser gegangen. Ich will, daß Mann dich mag.

Noch einen Tag später:

– Na, hast du dich wieder beruhigt?
– Ja, etwas. Gestern war ich sehr wütend auf dich.
– Mir ging es nicht anders. Genieße ich, machst du alles zunichte. Wahrscheinlich hattest du gestern vor allem deswegen Erfolg, mich niederzumachen, weil ich so klein war.
– Und ich war so wütend auf dich, da ich wieder etwas Ordnung in diesem Chaos haben wollte.

Pause.

– Weißt du, eigentlich mag ich dich und bewundere dich sogar.
  Du hast ein relativ sicheres Auftreten, eroberst die Herzen im Sturm, kümmerst dich nicht darum, wenn dich einige verfluchen, du tanzt alles aus dir heraus und oft aus der Reihe, du hast total verrückte Pläne und Gedanken, Ideen, du bist verrückt und lachst auch noch darüber, du lebst und genießt einfach vor dich hin, du liebst das Risiko, du bist kühl und doch nicht, geheimnisvoll und doch einfach. Du bist eine tolle Frau. Manchmal weiß ich gar nicht, warum ich so sauer auf dich bin.
– Wahrscheinlich wegen meiner Gefühle, die deine Ordnung auf den Kopf stellen.
– Ich glaube schon. Das Thema mit den Augen hatten wir ja schon, da werden wir uns wohl noch öfters streiten.
– Warum nur?
– Wahrscheinlich, weil ich hier Erfolg habe, denn an diesem Punkt bist du am empfindlichsten. Vor ihm müßtest du dich genauso rechtfertigen wie vor mir.

– Vielleicht ist es genau das, was ich erreichen will, daß *mich* ein Mann liebt. Und da mußte ich mir mal wieder den »härtesten Brocken« aussuchen.
– Warum hast du mich bisher so versteckt?
– Du bist so verletzbar.
– Was meinst du damit?
– Das weiß ich selbst nicht so genau. Ich habe einfach das Gefühl, dich schützen zu müssen. Ich glaube sogar, daß ich letztes Mal den Augen ein Stück von dir gezeigt habe. Die hilflose, schwache Frau, die etwas braucht, die darum bittet. Vielleicht bin ich deswegen so enttäuscht. Wenn er mich nicht liebt, ist es für mich verständlich, aber dich, das wäre sehr schlimm für mich.
– Aber ich weiß gar nicht, ob ich das will. Dann müßte ich ja wieder dich verstecken, das hatten wir ja schon zur Genüge. Entweder er mag uns beide oder eben nicht. Siehst du, obwohl ich die Augen so sehr liebe, bin ich stark. Warum traust du mir so wenig zu?
– Wenn ich das nur wüßte. Ich habe schon lang beschlossen, dich wieder mehr zu zeigen. Ich brauche noch etwas Zeit. Habe Geduld, ich werde es schaffen. Ich versuche zumindest mal stehen zu bleiben, nicht mehr davonzurennen. Das vorgestern war halt ein Tiefschlag für mich, am liebsten hätte ich dich wieder vergraben, und schließlich beschimpfst du mich auch noch.
– Ich glaube, ich muß lernen, dich zu akzeptieren, zumindest anzuschauen, dich zu verstehen, ohne dich gleich niederzumachen. Wenn ich das kann, kannst auch du wieder zu mir stehen. Du bist die Triebkraft unserer Lebensenergie, erst durch die liebevolle An-

nahme wird die Liebe erblühen können. Frage mich jetzt bloß nicht, woher ich das habe.

– Ich finde, das klingt gut. Da haben wir noch einiges an Arbeit vor uns. Denn wenn du keine Achtung vor mir hast, wer sollte es dann haben? Kein Wunder, daß du so verletzbar bist.
– Das ist ein ganz neuer Gedanke, das muß sich erst bei mir setzen.
– Ich muß auch noch einmal nachdenken. Für mich ist das ebenfalls ganz neu.

Das würde eine ihrer schwersten Aufgaben werden. Einfach leben und lieben, ohne die Erwartung, dabei von allen bewundert und geliebt zu werden, auf Menschen zuzugehen, ohne Angst vor Ablehnung, eine Abfuhr nicht gleich als Weltuntergang zu sehen, sondern als das, was es im jeweiligen Moment bedeutet. Trotz allem wollte sie stehenbleiben.
Oder gerade deswegen?
Als sie sich wieder beruhigt hatte, war alles so klar.
Irgend etwas sagte ihr, das ist der Mann deines Lebens.
Er ist etwas ganz Besonderes.
Irgend etwas sagte ihr auch, daß dieser Mann sie liebte.
Daß sie sich nicht täuschte.
Er hatte doch nur Angst, genau wie sie.
Dann war alles nicht mehr so bedrohlich.

»Ich hab was geseh'n in dir,
Ich hab was gespürt,
Ich hab mir total geglaubt
und dir voll vertraut … «
(Ina Deter)

Ein Tag.
Wieder in der Kneipe.
Sie hatte frei und wollte eigentlich gar nicht rein.
Hatte sich mit einem lieben Menschen zum Essen verabredet.
Es war sehr schön.
Doch dann packte sie sie wieder, die Sehnsucht.
Also saß sie hier, mit diesem Mann und ein paar anderen.
An irgendeinem Tisch.
Die Augen leuchteten sie an.
Sie leuchtete zurück.
Weg war die Angst.
Die Zweifel schwanden.
Wie lästige Schatten, durch das Licht dieser Augen.
Sie berührte ihn.
Zaghaft.
Sie streichelte seinen Rücken.
Weniger vorsichtig.
Ihr war es fast egal, ob es irgend jemand bemerkte.
Er ließ es zu.
Später ging sie wieder mit dem Mann, mit dem sie gekommen war.
Verabredungen gehen vor.
Eigentlich wäre sie gerne geblieben.
Und doch wieder nicht.
Ihre Erwartungen hätten sie überrollen können.
Und die damit verbundenen Entäuschungen auch.
So ging lieber sie.
Trotz allem war sie stolz auf sich.
Sie hatte einen kleinen Schritt geschafft.
Und es genossen.
Sich und ihn.

Auf jeden Fall mußte sie die nächsten zwei Tage ohne seine Nähe auskommen.
›Dienst schieben‹, hart arbeiten.
Auf der einen Seite gut, wegen der Ablenkung.
Auf der anderen Seite waren ihre Gedanken ganz woanders.
Sie freute sich darauf, Samstag zu bedienen.
Genauso sehr, wie sie vor der nächsten Begegnung Angst hatte.
Denn sie wußte, er würde da sein.
Sie würde ihn sehen.
Also warten.
Samstag ist bald.

Und er war bald da, der Samstag.
Und wie er da war.

Sie richtete sich her, für die Kneipe.
Enge Samthose, Samtoberteil, etwas Schminke.
Die Schminke gefiel den Augen überhaupt nicht, doch es war manchmal so gut, sich dahinter zu verstecken.
Eine Maske – weniger Unsicherheit.
Und die Klamotten.
In der Zwischenzeit gefiel es ihr, ihre Figur zu betonen, auch fürs Äußere bewundert zu werden.
Warum auch nicht?
Sie wußte, sie hatte mehr als das.
Das Telefon klingelte.
Ihre Freundin war am Apparat.
»Dein Freund ist wieder da. Er sitzt bei mir in der Küche, ich rufe dich heimlich an. Es sollte eine Überraschung werden. Ich werde ihn dann nach Hause fahren.

Eigentlich wollte er dich in der Kneipe überraschen, das versuche ich ihm auszureden, da du dann nicht mehr arbeiten kannst. Mein Gott, er freut sich so, dich wiederzusehen. Er hat gesagt, er hätte so viel kapiert und daß ihm alles so leid tut und … Freundin, das wird sehr hart für dich werden. Also, ich halte ihn noch etwas hin und hole dich nach Dienstschluß ab … «

Da stand sie nun.
Sie merkte, wie alles in ihr zusammenstürzte wie ein Kartenhaus.
Was nun???
Ihr Freund war zurück.
Zwei Wochen zu früh.
Hätten es zwei Wochen noch herausgerissen?
Zwei Wochen zu früh und so viele Wochen zu spät.
Für ihr Gefühl.
Gut, Frau, du mußt jetzt arbeiten.
Oje!!
Der letzte Schliff.
Die Kneipe.
Sie sollte heute mit einem netten Mann zusammenarbeiten.
Wie schon so oft.
Ein gutes Team.
Die Augen standen irgendwo rum.
Sie sagte zu ihm, bitte, wenn ich nicht mehr weiter kann, hilf mir.
Was ist denn los mit dir, fragen die Augen.
Mein Freund ist zurück, antwortete sie.
Das Lächeln wich, die Augen erstarrten.
Ein hilfloser Versuch, sie zu trösten.

Wenig später war er verschwunden.
Einen Jack Daniels, den brauchte sie jetzt.
Sie zitterte.
Nochmal einen.
Das tat gut.
Wärmte wenigstens ihren Bauch.
Die Gedanken und Gefühle überschlugen sich.
Noch einen Jack.
Jack, Jack, Jack ... den ganzen Abend.
Einen nach dem anderen.
Bloß nicht nachdenken.
Bloß nichts spüren.
Scheiße, Scheiße, Scheiße.
Diesmal setzte sie ihr Show-Lächeln auf.
Diesmal bediente sie betrunken.
Diesmal war alles ganz anders als sonst.
Ja, diesmal.
Schluß, Abrechnung.
Sie hatte es überstanden.
Wenigstens das Bedienen.
Ihr Freund kam zur Türe herein.
In Begleitung ihrer Freundin.
Alles andere erfuhr sie aus Erzählungen.
Der Jack hatte ihr Bewußtsein ausgeschaltet.
Oder doch sie selbst?
Sie wollte noch in die Disco, »in der ihr Leben wieder aufgeblüht war«, mit ihrer Freundin *und* ihrem Freund.
Warum nur?
Bloß nicht allein sein mit diesem Mann?
Ihre Freundin landete in einer anderen Discothek, in der auch zufällig die Augen herumschwirrten.
War wohl nichts!

Doch allein mit ihrem Freund!
Dort, wo für sie alles einmal so einfach gewesen war.
Diesmal ein Hin und Her.
Mal nahm sie ihren Freund in den Arm, dann stieß sie ihn wieder weg.
Mal tanzte sie.
Nicht mehr rhythmisch.
Rannte erneut zu ihrem Freund, dann wieder ganz weit weg und wiederholte immer nur »Scheiße, Scheiße, Scheiße!«
Ihr Freund versuchte dazubleiben, nicht verstehend, was in ihr ablief; und sie rotierte so vor sich hin.
Der Rausch holte sie ein.
Schlafen, nur noch schlafen.
Weg von allem.
Und dann mit ihrem Freund »nach Hause«, ins Doppelbett.

Der nächste Tag.
Wieder alles da.
Warum nur konnte sich nicht alles über Nacht in Wohlgefallen auflösen?
»Guten Morgen, liebe Sorgen, seid ihr auch schon alle da? Habt ihr auch so gut geschlafen, na dann ist ja alles klar?!«
Was er ihr alles mitgebracht hatte, und es tue ihm so leid, er wird eine solche Reise nur noch mit ihr machen, er möchte sie als Partnerin, und es tue ihm leid, daß er dazu so lange gebraucht habe und die ganze Zeit nichts von sich hören ließ, er werde sich jetzt einlassen und nicht mehr davonlaufen, er habe soviel verstanden, was sie immer gemeint hatte, und, und, und.

… und sie fühlte sich so schlecht.
Dreckig, gemein, mies, widerlich … und ganz weit weg.
Er hatte nicht recht.
Drei Monate können eine verdammt lange Zeit sein!

Durch Zufall hatte er ihre Aufzeichnungen über den Streit ihrer Frauen entdeckt. Er ahnte nun, daß es da jemanden gab.
Er fragte sie und wurde darin bestätigt.
Sie sei total verliebt und habe auch mit einem anderen Mann geschlafen.
Er war traurig, verletzt, enttäuscht: doch voller Hoffnung, voller Kraft und Energie.
Er glaubte an sich selbst und daran, alles bewältigen zu können, egal, was wird.
Und er hoffte, daß es mit ihr »gut wird«.
Und sie?
Sie begann ihren Kampf verstärkt in sich.
Die »Friedensverhandlung« ihrer Frauen wich der Kriegserklärung.
Der Kampf sollte so schnell wie möglich entschieden werden.
So konfrontierte sie sich und ihr »neues« Leben mit ihrem Freund. Sie ging mit ihm in die Kneipen, die sie während seiner Abwesenheit besucht hatte, er besuchte sie öfters, wenn sie bediente, er lernte ihren Geliebten einfach als einen ihrer neuen Bekannten kennen, welcher sich von ihr distanzierte, und sie fuhr mit ihrem Freund eine Woche zu einer ihrer Freundinnen in den Urlaub, den sie schon länger gebucht hatte.

Alle diese Situationen sollten ihr zeigen, welche Gefühle und Gedanken sie dabei hatte.
Ihr Freund war so bemüht um sie, so verständnisvoll, so lieb ..., so, wie sie es sich immer gewünscht hatte und es sie nun nervte.
Es machte sie noch schuldbewußter, noch trauriger, noch schlechter, noch gemeiner.
Sie kämpfte um Raum und Zeit, Gefühl und Verrücktheit wie ein Tiger.
Doch die Krallen schliffen sich ab, sie wurde ruhiger, stiller, »braver«.
Es begann bei Kleinigkeiten, wie z.B. damit, ihren Tagesablauf zu gestalten, ihre Musik zu hören, Bereiche für sich zu haben ..., und hörte bei ihrem Körper, ihrer Seele auf.
Überall Unstimmigkeiten, auf die er und sie stießen.
Und er hätte so gerne wieder alles wie früher gehabt, verstand schwer und war oft verletzt.
Wie hatte ihre Beraterin gesagt?
Nun könne sie ihr neues Selbstbewußtsein überprüfen.
Und dieses bröckelte so vor sich hin.
Ihr Kopf sagte irgend etwas von wegen »Schau, jetzt ist dein Freund so, so wie du es dir immer gewünscht hattest, und das paßt dir nun auch wieder nicht.«
Das Herz schlug weiter für die Augen.
Und wie es schlug!
Sie hoffte, es würde irgendwann mal aufhören.
Sie wollte ihn nicht lieben!
Was wollte sie denn mit einem »türkischen Macho-Kneipier?«
Wo sie doch ihren Freund haben konnte.
Ein türkischer Mann ist besitzergreifend, furchtbar eifer-

süchtig, gewalttätig, macht keine »Frauenarbeit« … und überhaupt!
Doch auch das Aufzählen aller Vorurteile nützte nichts.
Ihr Herz wollte einfach nicht hören.
Wenn sie in den Armen ihres Freundes lag, dachte sie an die Augen.
Wenn sie die Augen sah, wäre sie diesen am liebsten um den Hals gefallen.
Sie nahm ihre Umgebung kaum mehr wahr.
In der Arbeit war sie ausgelaugt, daheim auch.
Sie konnte die Nähe ihres Freundes kaum ertragen.
Und dieser wünschte sich so oft, in ihrer Nähe zu sein.
Das Bedienen verlor an Reiz, artete in Arbeit aus.
Und die Augen?
Wie gesagt, sie nahm fast nichts mehr wahr. War verstrickt in ihrem Gedanken und Gefühls-Wirrwarr.
Gefesselt, stumm, taub, … tot.
Die Augen und sie stritten sich öfters.
Sie war so verletzlich.
Er auch?
Was ist mit dir? fragten die Augen.
Ich bin verliebt in dich, sagte sie.
Was soll ich darauf sagen?
Weiß ich doch nicht, erwiderte sie gereizt und dachte, wenn er ihr doch nur sagen würde, wie sehr er sie liebt, dann …
Ja, was wäre denn dann gewesen?
Sie schrieb ihm einen Brief über den Kampf in ihr, daß sie ihn liebe und es nicht wolle, daß sie ihren Freund lieben wolle, doch ihre Gefühle nicht mitspielten, und daß sie sich danach sehne, mit ihm ein gutes »Verhältnis« zu haben, nicht nur Streit.

Er war ihr so nahe wie schon lange nicht mehr und doch nicht.
Oder war *sie* so weit entfernt?

Eine Frau betrat die Bildfläche.
Oder doch eher ein Mädchen?
Blond, unauffällig, ruhig, meist mit Jogginganzug bekleidet.
Eine einfache Frau, die nichts anderes wollte, als unterhalten zu werden, um ihre Langeweile zu ertragen.
Einen Mann, der Farbe in ihr farbloses Leben bringen sollte.
Einen Animateur.
Und damit anstrengend.
Aber die richtige Frau für die Augen.
Und sie?
Sie litt!
Unter sich selbst, unter Neid und Eifersucht.
Irgendwie bestand zwischen ihr und den Augen ein Abkommen, ein unausgesprochenes.
Zärtlichkeiten werden nur ausgetauscht, wenn es der/die andere nicht mitbekommt.
Die Anziehungskraft der Augen blieb.
Damit verlor alles andere an Wichtigkeit.
Löste sich auf in ein Nichts.

Ihre Freundin malte ihr ein Bild mit zwei Frauen.
Die eine lebenslustig, die andere eine »Trauerweide«.
Sie sagte ihr dazu, daß sie nicht mehr lebe, und daß es

gerade deswegen so auffalle, weil sie vorher so aufgeblüht war.

Und sie wußte, daß ihre Freundin recht hatte.

Ja, nach außen hin wirkte sie kontrolliert.

Sie mußte sich kontrollieren, denn ihr Inneres glich einem Schlachtfeld.

Sie wußte schon gar nicht mehr, was sich da in ihr alles bekämpfte.

Sie fühlte sich dreigeteilt.

Ihr Verstand sehnte sich nach ihrem Freund, ihre Sexualität nach ihrem ehemaligen Geliebten und ihr Herz nach den Augen.

Und wo war sie abgeblieben?

Ihre »Femme fatal« schrie auf.

– »Hilfe, wo bin ich? Ich fühle mich total überrollt. Nur noch zaghafte Versuche, durchzubrechen. Ich will Raum und Platz zum Atmen. Was ist passiert?
– Ich glaube, ich habe dich überrannt. Wahrscheinlich nicht ich alleine, aber immerhin. Ich will wieder Ordnung in dieses Chaos bringen. Dein Freund ist wieder da!
– Toll, mein Freund war zweieinhalb Monate fort, trotz allem.

  Plötzlich taucht er wieder auf, und du streckst mich nieder.

  Meine ganze Lust, meine Freude – einfach mein Leben, das, was ich mir erkämpft und erobert habe. Du machst mich mundtot, und ich bin auch noch still. Mit erhobenem Zeigefinger stehst du da, und ich pariere. Tu das nicht, tu jenes nicht, entscheide dich, schränke dich ein, nimm Rücksicht … Ich habe es satt. Ich will Platz!«

Natürlich rotierte auch ihr Freund.
Sie war ihm zu distanziert, zu anders.
So gar nicht, wie er sie kannte.
Er wollte mehr.
Sie konnte es ihm nicht geben.
Sie hatte nicht mehr für ihn übrig.
Sie sollte sich entscheiden.
Sie hatte sich schon lange entschieden.
Für sich selbst.
Ihr Freund meinte, es wäre besser, sich zu trennen.
Okay, vielleicht war das wirklich das Beste.

Warum so traurig? fragten die Augen.
Ich habe mich getrennt.
Er schaute sie verwundert an, so, als wollte er fragen: Warum dann so traurig?
Sie sagte nichts, obwohl sie seine Frage spürte.
Wie hätte sie ihm erklären können.
Sie verstand sich ja selbst nicht.
Trotzdem eine kleine Geste seines »Da-Seins«.
Zaghaft, fast schon verloren.

Ihre Trauer dauerte nicht lange, dazu hatte sie schon viel zuviel getrauert.
Langsam lebte sie wieder auf.
Ihr innerer Druck löste sich auf in ein Mit-Leiden mit ihrem Freund.
Daß es dabei blieb, dafür sorgte sie, indem sie sich von ihrer Maria verabschiedete.

*»Liebe Maria, ich muß mich von Dir trennen.
Zuerst wollte ich schreiben, es tut mir leid, aber es tut mir nicht leid.
Ich habe geschrien.
Du hast mich geknebelt und in eine Ecke verbannt.
Wir haben gelitten, und Du hast sogar noch eine gewisse Befriedigung daraus gezogen. Du mit Deinem Scheiß-Märtyrertum, Deiner Selbstaufgabe, Deiner Grenzenlosigkeit …
Ich kann Dein ständig lächelndes Gesicht nicht mehr ertragen, Dein Verständnis für alles und jede/n, an dem Du dann wieder leidest, Dein Geschick, immer wieder für alles und für alle Verantwortung auf Deine Schultern zu laden und dann tiefgebückt zu gehen, Deine leise Stimme, die andere einlullt, Deine verdammten Ohren, die immer und für jede/n offen sind, auch wenn Dein Gehirn schon rotiert, und Deine Konventionen, Deine Moral … Dein Scheiß-Egoismus, den Du dadurch befriedigt bekommst, daß Du »liebenswert« bist.
Für mich hat das keinen Wert, so geliebt zu werden.
Ich will ich sein, kein Spiel mehr.
Du hast mich verleugnet, mein Selbst verleugnet … und was war?
Keine Kraft, keine Energie mehr, gefesselt, geknebelt, erdrückt, klein, schwach … doch so will ich nicht.
Du mußt gehen, wir können uns nicht aussöhnen.
Du hast nur so getan, als ob Du mich verstehen könntest.
Deine ganze Bewunderung hat Dir nichts genützt, denn als unser Freund wieder da war, hast Du mich ganz schnell niedergeschlagen.
Doch ich habe das Leben einmal genossen und ich werde nicht Deiner Ängste wegen darauf verzichten.
Ja, ich liebe einen türkischen Mann, der Kneipenwirt ist.
Aber was geht das Dich an?*

Du hast mich lange genug gemartert. Ich will jetzt auf mein Herz hören, Dein Kopf hat schon zu lange regiert.
Ja, mir gefällt es, in der Kneipe zu bedienen!
Na und?
Für Dich sind doch nur Intellektuelle etwas wert.
Doch manche Menschen brauchen nicht studiert zu haben, denn sie haben ihr Herz auf dem rechten Fleck.
Du bist doch die gleiche intellektuelle Idiotin, auf die Du so schimpfst.
Konventionell bist Du auch, mit Deinen Träumen von wegen Haus, Familie, Garten, Tiere …
Ist ja nett, doch nicht auf meine Kosten!
Und eine Vaterfigur will ich auch nicht mehr, lieber lerne ich mich selbst zu schützen und zu halten.
Ich will alleine bestehen, selbständig sein, unabhängig, meines Selbst bewußt, mir selbst vertrauen, ich will wieder mein Selbstwertgefühl, denn ich bin etwas wert, so wie ich bin.
Ich habe es satt, mich ständig selbst bestätigen zu müssen, auf meine Kosten.
Es tut mir nicht leid, wenn Du gehst.
Ich tu' mir auch nicht mehr selbst leid.
Ich bin okay!
Ich werde noch viel an unserer Beziehung zu kauen haben, und ich werde mich auch der schönen Seiten erinnern …
Trotzdem Tschüß
und auf Nimmer-Wiedersehen!«

Eine andere Konsequenz ihrer Veränderung bedeutete die Kündigung ihres Arbeitsverhältnisses in der Jugend-WG.
Schon lange hatte sie an diesen Schritt gedacht, sich je-

den Monat hinweggetröstet mit dem immergleichen »Es wird schon besser werden«.
Jeden Monat eines Besseren belehrt worden.
Immer wieder hatte sie Energie in mögliche Veränderungen gesteckt.
Immer wieder stieß sie auf Unverständnis, Überforderung oder Arbeitssucht bei ihren MitarbeiterInnen.
Sie hatte einfach keine Lust mehr, zwischen 60 und 70 Stunden in der Arbeit zu verbringen, trotz sozialem Engagement!!!
Die Kündigungszeit betrug drei Monate.
(Die magische Drei?)
Ein schwere Trennung stand ihr bevor.
Die Jugendlichen wußten, daß sie gehen wollte.
Der Zeitpunkt war einigermaßen günstig.
»Nur« zu drei von sechs Jugendlichen hatte sie eine sehr intensive Beziehung.
Jetzt lernte sie die Gegenseite kennen.
Sie mußte sich der Wut, der Enttäuschung, der Trauer … stellen.
Diesmal wollte *sie* gehen.

»Ich muß mich von vielem trennen,
um nicht mehr von mir getrennt zu sein.
Ich muß vieles loslassen,
um nach mir zu greifen.
Ich brauche das Chaos,
um die Ruhe in mir zu finden.
Ich muß vieles verlassen,
um zu mir zu gehen.
Ich muß viele verletzen,
um zu mir zu stehen.

Und da steh' ich nun,
mit all' meiner Angst vor mir
und dem Neuen!«

... und vielem Altbekannten.
Alte Ängste, alte Verhaltensmuster, alte Spiele.
Oh, wie sie sie haßte und trotzdem nicht anders konnte.
Sie versuchte ihre Liebe zu den Augen mit Abwägen »in den Griff« zu bekommen.
Was mochte sie an ihm?
Eben seine wundervollen Augen, seine ganze Erscheinung, seine Bewegungen, seine Hände, seine Lebendigkeit, seinen Humor, sein Lachen, seine Wutausbrüche, seine Traurigkeit.
Er konnte alles sein, kindlich und männlich, ernst und lustig, bösartig und lieb, selbstsicher und schüchtern ... und sie fand ihn einfach immer »klasse«.
Und was mochte sie nicht an ihm?
Er redete nicht gerne, liebte eine materielle Konsum-Schein-Welt, mit der er sich Achtung von außen erhoffte, da er so wenig Achtung vor sich selbst, seinem Körper und seinen Fähigkeiten hatte!?
Und nun?
Ja aber, bestimmt würde er sie einsperren wollen, womöglich sogar schlagen, er war doch so eifersüchtig, und im Haushalt würde er bestimmt auch nichts machen ... bla, bla, bla.
Und wer sagte ihr das alles?
Ja, die Erfahrungen mit türkischen Männern.
Und wer sagte ihr, daß die Augen auch so sind?
Keine Ahnung!

Bei alldem merkte sie noch nicht, wie sehr sie ihm ähnelte, und ahnte nicht, wie nah sie sich kommen würde durch ihn.

Ein Tag in der Kneipe.
Nicht wie viele andere.
Sein Geburtstag!
Sie arbeitete, für ihn!
Er war angetrunken.
Nahm sie in den Arm.
Sie blieb noch.
Wieder seine Lippen, seine Haut, seine Arme, die sich um sie schlangen.
Das Glück im Bauch überflutete sie.
Sie hätte die ganze Welt umarmen können.
Statt dessen krallte sie sich in seinen Rücken.
Sie lächelte … und er war unsicher.
Sie wollte nicht bleiben … er wurde es noch mehr.
»… und läßt mich nur noch wenn er stoned ist an sich ran …« (Ina Deter)

Sie mußte gehen, sie spürte es.
Er wollte sie halten.
Mit seiner Sexualität.
Mit seinem Sex.
Und er hätte es auch beinahe geschafft.
Sie war so ausgehungert nach Zärtlichkeit, nach Liebe.
Nach seiner Zärtlichkeit, seiner Liebe.
Sie hätte am liebsten nie mehr aufgehört, ihn zu küssen, ihn zu liebkosen.
Wie jemand, der seit langem wieder etwas zu trinken bekommt und schon beinahe am Verdursten war.

Trotzdem ließ sie ihn stehen.
Oder gerade deswegen?
Mit vielen ungesagten Worten, mit seinen Zweifeln, seiner Angst.
Die, die er heute ertränkt hatte.
Sie war jetzt frei und damit bedrohlich.
Gefährlich für sein Selbst.
Sie war ja schließlich vier Jahre älter als er, und studiert hatte sie auch noch.
Er fühlte sich ihr unterlegen, sie konnte so gut sprechen.
Dann, so wie sie sich anzog und mit den Männern umgehen konnte, und überhaupt.
Sie würde ihn bestimmt enttäuschen.
Wer sagte ihm das?
Ja, die Erfahrungen mit solchen Frauen.
Und wer sagte ihm, daß sie genauso ist?
Keine Ahnung?
Wenn er gewußt hätte, wie schwer sie sich ehrlich erhalten konnte, wie oft sie sich hinter Worten versteckte, daß sie gar nicht so stark war, wie sie sich auf ihn wirken ließ, daß sie ihn oft aus lauter Angst so verletzte …
Und aus Angst ging sie nun.
So, wie sie ging.
Sie konnte noch nicht so, wie sie wollte.

Und schon war der Zauber wieder vorbei.
Wieder schlichen sie wie Katzen um den heißen Brei.
Unfähig zu reden oder zu handeln, sich gegenseitig belauernd und beobachtend.
Sie stritten sich häufig, meistens über die Kneipe.

Das war einfacher.
Er trug, gemäß seinem Charakter, vieles in die Kneipe. Seine Unzufriedenheit, seine Ängste, seine Zweifel … einfach sich selbst.
Er war oft überfordert, konnte dadurch nicht mehr unterscheiden zwischen Privat und Arbeit, zwischen dem, was ihm gut tat oder nicht, was er wollte oder nicht, was für die Arbeit wichtig war oder nicht.
Damit war er ein guter Nährboden für Erwartungen, für »gute« Ratschläge, für Kritik und Angriffe.
Es wuchs ihm über den Kopf.
Daheim Ärger, bei seinen Eltern, in der Kneipe mit Gästen, Personal und Freunden … und dann noch eine Frau, die ihn ebenfalls ständig kritisierte und Erwartungen an ihn hatte.
Wobei sie nicht einmal wußte, was eigentlich.
Ich muß mit dir reden, sagten die Augen, damit wir besser zusammenarbeiten können. Meinst du, ich weiß nicht, was deine Blicke oft bedeuten?
Was möchtest du mir sagen?
Nicht heute.
Warum nicht heute?
Ich kann jetzt nicht. Am Freitag. Gut?
Laß mich nicht so lange warten.
Es geht heute nicht.
Also gut.
Warum war er nur immer so zugänglich, wenn er etwas getrunken hatte?
Was wollte er ihr sagen?
Oh, wie sie das Warten haßte.
Sie fühlte sich so hilflos wie ein Schaf vor seinem Schlachttermin.

Die Angst wuchs mit der Zeit.
Vor dem »Ja, ich mag dich, sogar sehr, aber …«
Und genau dieses Aber ließ ihr den Magen umdrehen.

Der Freitag.
Sie kam früher zu ihrem Dienst, mit wackligen Knien.
Die Ungeduld packte sie, sie hielt es nicht mehr aus.
– Also, laß uns reden.
Er wand sich wie ein Aal.
Sie ließ nicht locker, versuchte es immer wieder, bloß diesen Zustand beenden.
– Ach, ich schreibe es dir. Ich kann es dir nicht sagen. Es fällt mir so schwer.
– Ich weiß sowieso, was du mir sagen willst, trotzdem möchte ich es von dir hören.
Er schaute erstaunt.
– Ich kann nicht.
– Also gut. ich frage dich, und du kannst dich entscheiden.
– Okay.
– Ich würde es mit dir versuchen, trotz all meiner Ängste, die ich habe.
Jetzt war er noch mehr als erstaunt.
– Wie stellst du dir das vor? Bei meiner letzten Freundin hat man mir vorgeworfen, ich würde mich zuwenig um sie kümmern.
– Um mich brauchst du dich nicht kümmern, das tue ich schon selbst. Ich stelle es mir so vor, daß jeder tun kann, was er will, außer Fremdgehen, das mag ich nicht.
Er zog die Augenbrauen nach oben.
– Und was ist, wenn es schiefgeht?

– Dann geht es eben schief. Das ganze Leben besteht aus Bindungen und Trennungen.
– Was ist, wenn ich ja sage und was, wenn ich nein sagen würde?
– Wenn du ja sagst, bin ich schrecklich aufgeregt, wenn du nein sagst, traurig.
– Ich kann nichts sagen.
– Dann sag halt einfach nein.
– Das geht auch nicht.

Der Kneipenbetrieb ging los.
Sie mußte arbeiten.
Er zog sich zurück in eine Ecke des Lokals.
Da saß er nun gedankenverloren.
Und sie hätte so gerne gewußt, was ihm alles durch den Kopf und sein Herz ging.
Sie zitterte immer noch, und trotzdem war sie stolz, das sie das alles ausgesprochen hatte.
Sie fühlte sich stark, weil sie seine Angst gespürt hatte.
Und sie hatte Angst, da sie nicht wußte, ob er seine Ängste überwinden konnte.
Sie ging zu ihm hin.
– Warum sagst du denn nicht nein? (Und meinte, dann wäre sein Kampf beendet.)
– Ich weiß es nicht.
Er stand auf und ging.
Sie arbeitete trotz ihrer Unsicherheit, versuchte, nicht an ihn zu denken.
Nach Kneipenschluß ging sie noch in die nahegelegene Disco, in der Hoffnung, ihn zu sehen.
Sie unterhielt sich mit ihrem Exfreund, als sie über die Theke von einem Gesicht angestrahlt wurde.

Es waren die Augen.
Heute die strahlendsten, die sie jemals gesehen hatte.
Er kam auf sie zugeeilt, lächelnd.
Sah ihren Exfreund, bestellte ein Cola, trank dies gehetzt und ging.
Erstarrt stand sie da, unfähig sich zu rühren oder irgend etwas zu sagen, ihm nachzulaufen oder ihn zu halten.
Als sie aus dieser Erstarrung erwachte, war alles vorüber.
Daheim dachte sie an dieses Gesicht, beschimpfte sich für ihre Unfähigkeit und wußte nicht so genau, ob sie nun glücklich oder traurig sein sollte.

Ihr nächster Dienst in der Kneipe war spannungsgeladen.
Sie hielt es fast nicht aus.
Er konnte ihr nicht in die Augen schauen, war total distanziert ..., und es war doch der letzte Tag vor seinem einwöchigen Urlaub.
Ihr ging es immer schlechter.
Sie setzte sich selbst unter Druck.
Bei der gemeinsamen Abrechnung nahm sie ihren gesamten Mut zusammen.
– Und, hast du dich entschieden.
– Eher nein.
Das war für sie ein Schlag ins Gesicht.
Sie war unfähig zu fragen, warum, und ihn interessierte es nur, ob sie noch weiter bedienen würde.
Bist du bestechlich, versuchte sie zu scherzen, obwohl es ihr gar nicht danach war.
Ein merkwürdiges Geplänkel folgte.
Sie wollte so gerne in seine Arme und bat ihn darum.
Er konnte oder er wollte nicht.

Sie war noch mehr verletzt.
Traurig zog sie ab und widerwillig.
Irgendwie glaubte sie ihm nicht, trotzdem tat alles so schrecklich weh in ihr.
Warum mußte er sie denn so schrecklich verletzen?
Ihre Wunden bluteten.
Die Liebe blieb und ein Funken Zuversicht.
Der Glaube an ihr Selbst, daran, etwas wahrgenommen zu haben.
Und sie dachte wieder an dieses Gesicht in der Disco.
Ein Gesicht voller Liebe.

Ein wohlverdienter Urlaub für den Chef der Kneipe.
Eine Woche Streß für das Personal derselben.
Zu fünft gaben sie ihr bestes.
Und rebellierten.
Endlich Zeit zu bemerken, was alles schief gegangen war bisher.
Wie es laufen könnte, wenn alle zusammenhielten.
Sie, sie versuchte sie zu beruhigen, mit ihnen produktive Kritik auszuarbeiten, Bedingungen und Vorschläge.
Gleich am ersten Tag nach dem Urlaub des Chefs sollte eine Personalversammlung stattfinden.
Eine Woche schon kann ganz schön lang sein.
Sie sehnte sich nach ihm, nicht nur der Kneipe wegen.

Endlich war es soweit.
Heute sollte er zurückkommen.
Sie suchte ihn und verfehlte ihn ständig ganz knapp.
Endlich traf sie ihn in der Disco.

Sie konnte jedoch nicht bei ihm stehen bleiben, denn diesmal unterhielt er sich mit seiner Exfreundin.
Okay, vielleicht später, dachte sie.
So ging sie erst einmal in die Büroräume, um sich als Bedienung vorzustellen.
Das Gespräch dauerte länger.
Sie war danach eingestellt für den Donnerstagabend, an dem sie nicht bei den Augen bediente.
Es sollte eine Vorsorge für die Überbrückung einer eventuellen Arbeitslosigkeit sein.
Eine andere Arbeitsstelle hatte sie trotz großer Bemühungen noch nicht gefunden.
Ob dies der einzige Grund war, darüber dachte sie nicht nach.
Als sie die Disco wieder betrat, waren die Augen schon fort.
Schade.
Es passierte ihr öfters, daß sie sich auf eine Situation eingestellt, sich in sich beruhigt und neuen Mut gefaßt hatte, die Situation dann jedoch eine andere war.
Einfach zu spät.
Aber morgen ist ja auch noch ein Tag.
Und morgen war eine Kneipenfahrt in die Westernstadt geplant.

Der nächste Tag.
Er wirkte sehr zerknirscht und wußte überhaupt nicht, ob er überhaupt mitfahren sollte.
Oje, dachte sie, hoffentlich fährt er mit.
Sie hatte sich doch so darauf gefreut.
Aber wenn nicht, dann eben nicht, sie wollte es sich trotzdem gutgehen lassen.

Er fuhr mit.
Sie sagte ihm irgendwann, daß sie kurz mit ihm reden müßte, wegen der Kneipe.
Ja, später, antwortete er.
Ist mir egal, es ist deine Kneipe.
Sie drehte sich um und erkundete die Westernstadt.
Komisch, es ging immer so leicht, wenn es nicht um sie ging.
Später nahm er sie an der Hand, führte sie an einen Tisch und fragte sie, was los sei.
Sie erzählte ihm vom Unmut seines Personals, von der geplanten Personalversammlung am nächsten Tag, und sagte ihm, daß sie hinter ihm stehe und nur vermitteln möchte.
Irgendwann, ganz plötzlich, küßte er sie.
Später erzählte er ihr noch, daß es ihm nicht gerade sehr gut gehe, daß seine Freundin mit ihm Schluß gemacht habe, mit der er zusammen war, als sie ihn fragte, ob.
Sie sagt ihm, daß sie es gewußt habe.
Er stutzte.
Das waren die Momente, in denen sie ihm unheimlich war.
Doch heute hielt dieses Gefühl nicht lange an.
Sie verbrachten den ganzen Tag zusammen.
Sie fand es einfach herrlich.
Sie war schon lange nicht mehr so glücklich.
Nichts konnte sie aus der Ruhe bringen.
Ein Tag, an dem sie sich sehen ließ und spüren.
Zwischendurch redete er eine Zeitlang ständig von irgenwelchen tollen Frauen.
Sie erwiderte nur, willst du mich ärgern?

Vielleicht, war seine Antwort, doch er redete nicht mehr weiter über andere Frauen.
Was interessierte sie heute sein Gerede über die tollen Frauen, er war ja bei ihr, ganz nah.
Und das spürte sie.
Seine Nähe gab ihr Kraft und stärkte seinen Mut, damit mußte die Angst in den Hintergrund treten. Dort blieb sie auch, heute, doch neue Nahrung würde sie wieder hervorholen, irgendwann.
Am Abend zurück in die Kneipe, und sie mußte fort.
Aber vielleicht sehen wir uns noch.
Sie sahen sich nicht mehr.
Wieder waren sie in zwei verschiedenen Discos.
Wieder ein Mißverständnis.
Dafür sahen sie sich am nächsten Tag zur Personalversammlung. Die Augen kamen zu spät, dafür mit einer ganz besonderen Ausstrahlung.
Er lächelte sie an, sie lächelte zurück.
Die Versammlung war gut.
Immer wenn es ungerecht wurde, griff sie ein, brachte Dinge auf den Punkt, unterschied die persönliche und die Arbeitsebene, zeigte Möglichkeiten auf, wischte Angriffe vom Tisch.
Was entstand, war ein guter Plan.
Leider war die Ausführung nicht nur schwieriger, sondern scheiterte.
Doch das wußte sie zu dieser Zeit noch nicht.
Jetzt genoß sie erst einmal das Kraftpotential, das von ihr und den Augen ausging.
Sie hatte das Gefühl, sie könnten alles schaffen, wenn ...
Ja, wenn sie es zulassen würden.
Wo warst du gestern? fragten die Augen.

Anscheinend nicht da, wo du warst, aber ich habe es dir noch extra gesagt, erwiderte sie wütend.
Die Enttäuschung zugedeckt mit Wut, anstatt sich zu freuen, daß er sie vermißt hatte.
Doch diesmal blieb er ganz ruhig und sagte nur, schade, war halt nichts, und nahm ihr damit den Wind aus den Segeln.
Sie mußte schon bald wieder aufbrechen, sie hatte den letzten Dienst in der Wohngemeinschaft vor sich.
Einen anstrengenden Dienst, das wußte sie.
Sie verabschiedete sich bei den Augen mit einem Küßchen.
Er erwiderte es, gefolgt von einem unsicheren Blick, den er zweien seiner Stammgäste zuwarf.
Das war das Signal für ihre Angst.
Alle möglichen, wenn auch noch so dämlichen Stimmen lockten die Angst aus ihrem Versteck.
In der Kneipe will er nicht zu ihr stehen, vielleicht war alles sowieso nur ein Ausrutscher, vielleicht hatte er sie doch nur benutzt als Trostpflaster, vielleicht …
War das so?
Sie fragte nicht.

Am nächsten Tag kam sie wieder.
Eine Verschnaufpause in seiner Nähe, nach einem »Horror-Dienst«.
Sie wirkte streng.
Wahrscheinlich war sie es auch.
Sie hatte die ganze Nacht und den Morgen damit verbracht, sich mit den Gefühlen der Jugendlichen herumzuschlagen.

Dazu kam ihre Unsicherheit, wie sie nun mit den Augen in der Kneipe umgehen sollte.
Er wirkte auf sie so weich.
Sie hätte ihn gern in den Arm genommen, traute sich jedoch nicht und wurde noch strenger.
Saß mit anderen Gästen im Biergarten, redete über die Westernstadt, sehnte sich vor allem nach seiner Nähe.
Er saß neben ihr, schaute irgendwie traurig oder sehnsüchtig.
Trotzdem waren sie beide nicht fähig, diese Nähe wiederherzustellen.
Nach Kneipenschluß sagte er ihr, er müsse heimfahren, er sei müde, gab ihr ein Küßchen und ging.
Für sie war das die Bestätigung für irgendwas. Daß er sie nicht liebte oder so.
Auf jeden Fall ein Grund, sich wieder in ihren Panzer zurückzuziehen.
Vorsichtig abzuwarten, ist das nun ein Freund oder ein Feind.

Am nächsten Tag trafen sie sich in der Disco.
Nicht ganz zufällig.
An seinem freien Tag ging er meistens in diese.
Sie hatte ihn gesucht und wußte dann wieder nicht, was sie tun sollte, als sie ihn gefunden hatte.
Sie stand mit ihrer Freundin an der Tanzfläche.
Versteckt, in der Hoffnung, er würde auf sie zugehen.
Er tat es nicht.
Erst als sie ging, gab er ihr ein Küßchen und stellte sie zwei Männern als seine Bedienung vor.
Voller Stolz.
Mit einem Küßchen verabschiedete sie sich von ihm.

Wieder ein unsicherer Blick seiner Augen zu diesen Männern und damit die Unsicherheit in ihr.
Später dann die Enttäuschung.
Warum konnte er sie nur als Bedienung vorstellen?
Warum war er nur auf die Bedienung stolz?
Trotzdem nahm sie ihm eine Kassette auf mit Liedern von Ina Deter und Herbert Grönemeyer.
Lieder, die, wie sie meinte, ihre Gefühle und Gedanken wiedergaben, die sie nicht aussprechen konnte und es sich auch nicht traute.

Am nächsten Tag stand sie wieder in seiner Kneipe, mit der Kassette in ihrer Tasche, unterhielt sich mit einem der Gäste, war unsicher und aufgeregt.
Er kam auf sie zu, liebevoll, von hinten.
Sie aber zuckte vor Schreck zusammen, ging auf Distanz.
Erst als sie ging, drückte sie ihm die Kassette in die Hand.
Ich konnte nur eine Seite aufnehmen, sagte sie ihm.
Dann gib sie mir eben dann, wenn sie ganz bespielt ist.
Nein, das geht nicht, ich finde keine passenden Lieder dazu, sie gehört so, wie sie ist, halbfertig.
Dann ging sie, stolz, daß sie für sich selbst Mut bewiesen hatte.
Es bedeutete für sie, einen Teil von ihr zu geben, und das gelang ihr immer relativ gut, wenn sie danach gehen konnte.
Ihre Auftritte und Abgänge waren geübt, das »Da-Sein« fiel ihr dagegen schwer.
Nähe und Distanz im richtigen Augenblick, wohldosiert, blieb für sie noch ein unbekanntes Gebiet.

Der nächste Tag.
Dieselbe Kneipe.
Ihr Urlaub schien ein Kneipenurlaub zu werden.
An der Theke der Bruder der Augen.
Ein Mann, den sie sehr gerne mochte.
Sie war heute sehr überschwenglich, lachte, blödelte mit ihm.
Die Augen sagten kein Wort, schauten sie merkwürdig an.
Sie konnte den Blick nicht einordnen.
Und sie freute sich so sehr, glaubte, irgend etwas bewirkt zu haben, wobei sie noch nicht einmal wußte, was.
Dann tauchte *sie* auf. *Sie*, der die Begierde der Augen galt.
Die Frau, der sie immer mißtrauisch begegnete.
Ihre Freude wich einer Maskerade.
Die Augen schwirrten um die Auserkorene herum wie ein räudiger Hund.
Sie beobachtete die beiden und hätte vor Wut und Eifersucht fast zerplatzen können, während sie ein Würfelspiel spielte und verlor.
Das Spiel der Augen konnte sie nicht durchschauen.
Es kam ihr so vor, als wäre die Frau der Rettungsanker in seiner Hilflosigkeit.
Doch dieses Gefühl deckte sie zu mit Wut, Schmerz und Qual.
Ihr ganzer Körper war übersät mit Wunden.
Die Frau entfernte sich, die Augen wurden wieder ruhiger.
Sie nicht.
Sie zahlte und ging, ohne zu fragen, ohne etwas zu sa-

gen. Etwas, das sie sich gewünscht hätte, in einer solchen Situation, um Mißverständnisse zu vermeiden.
Sie ging aber schwerverletzt.

Ein Tag Atempause.
Sie wollte ihn nicht sehen.
Dann ein Fest.
Sie saß da, amüsierte sich, einigermaßen.
Bis sie hörte, die Augen kämen auch.
Toll.
Irgendwie freute sie sich.
Andererseits nicht.
Die Bilder des einen Abends kamen wieder, und damit ihre Eifersucht, ihr Wut und ihre Verzweiflung.
Er kam tatsächlich.
Sie ging auf Angriffshaltung, ärgerte, beschimpfte, verletzte ihn ... aus Angst und Unsicherheit heraus.
Sie hörte sich selbst mit Widerwillen zu und konnte nicht anders.
Eine Frage an die Augen von einem anderen Festianer.
Hast du eine Freundin?
Nein, er habe keine, betonte er und schaute sie vorwurfsvoll an.
Das saß wieder.
Der ganze Angriff hatte sie nicht geschützt.
Sie war noch mehr verletzt.
Wollte er sie verletzen?
Die Frage prallte ab an der Mauer aus Wut, Enttäuschung und Trauer.
Vor allem Wut, und das mußte er noch den restlichen Abend spüren.
Sie trank zuviel.

Dann ein Streit mit dem Hausherren.
Das reichte.
Sie weinte aus ohnmächtiger Wut, doch an ihre Ohnmacht kam sie nicht heran.
Sie wollte fahren.
Der Bruder der Augen war besorgt um ihren Zustand und wollte sie heimfahren.
Sie verschwand heimlich.
Egal, ob sie heute in einem Straßengraben landen würde.
Eigentlich hätte sie sich das sogar gewünscht.
Eine Todessehnsucht, geboren aus der Müdigkeit der schmerzhaften Seiten des Lebens.
Wieder daheim.
Wieder alleine mit ihr.
Sie wollte weinen, hatte jedoch keine Tränen mehr.
Nur noch ihre Wut im Bauch.
Wo sollte sie nur mit ihr hin?
Sie schlief erst mal.
So beruhigten sich ihre Gefühle und ihre Gedanken.
Einigermaßen.

Ja, ja, sie hatte einmal gesagt, sie hätte Angst vor seiner Eifersucht.
Wollte sie damit sagen, sie hätte Angst vor ihrer eigenen?
Weil sie mit ihr nicht umgehen konnte?
Von ihm hätte sie etwas anderes erwartet als die Reaktionen, die sie gefangen gehalten haben.
Sich der Gefühle des anderen sicher zu sein und damit seiner selbst sicher.
Sie war es nicht.
Sie war verzweifelt.
Voller Zweifel und Unsicherheiten.

Sie begab sich wieder auf ihren Beobachtungsposten.
Wo stand dieser Mann nur?
Was wollte er von ihr?
Ihr Herz sprach soviel von seiner Angst, von seiner Unsicherheit ..., doch das machte sie nicht sicherer, denn ihre eigene Angst blieb mit ihrer Wahrnehmung und ihren Handlungen verwachsen.
So begann sie mit anderen Menschen über ihre Gefühle zu reden. Erstens, da sie schließlich beschlossen hatte, zu diesen zu stehen, zum anderen wahrscheinlich, weil sie sich irgendeine Hilfe erhoffte.
Die Reaktionen waren meist gleich.
Zuerst eine große Verwirrung: Was, der?! (sie war wirklich gut darin, bestimmte Gefühle zu verstecken), und dann: Was willst du denn mit dem? Vergiß ihn!
Und sie schwankte.
Ja, was wollte sie denn wirklich von den Augen?
Sie wußte es nicht.
Sie wußte nur, daß sie sich in seiner Nähe meist so wohlfühlte, daß sie seine Art so liebenswert fand, daß sie sich so nach ihm sehnte.
Ein Freund von ihm und von ihr sprach mit den Augen und warnte ihn davor, sie auszunutzen (nach seinen Aussagen).
Sie wußte nicht, ob sie das nun schlecht oder gut finden sollte, denn die Augen vergrößerten die Distanz, um zu überdenken und zu überfühlen.
Das wiederum war für sie fast unerträglich.

Ein Tag in der Kneipe.
Ein lauwarmer Abend.
Ich mache noch ein Lagerfeuer am See, sagten die Augen.

Niemand wollte mit, die meisten mußten am nächsten Tag arbeiten.
Sie hatte Angst, mit ihm alleine zu sein und doch …
Komm, laß uns gehen, die Frösche quaken so schön (und ihre Knie schlugen den Takt dazu).
Sie konnte keine Freude in seinen Augen erkennen oder irgend etwas, das ihr Stärke verlieh.
Okay.
Nur zu zweit.
Endlich allein und damit so beängstigend.
Sie konnte es nicht genießen.
Unruhe kam in ihr auf.
Eine unbestimmte Gier nach ihm.
Und statt sich einfach an ihn zu kuscheln oder sonst irgendwas, fragte sie ihn, was willst du eigentlich von mir?
Was wollte sie denn nur.
Eine Liebeserklärung oder gleich einen Heiratsantrag?
Sicherheit? Da sie so unsicher war?
Eine Antwort? Eine, die sie sich selbst nicht geben konnte.
Stärke und Geborgenheit? Da sie gerade schwach und einsam war?
Oder eine Abfuhr? Da sie das Glück nicht genießen konnte?
Ich weiß es nicht, sagten die Augen und legten unbeirrt Holz auf.
Sie versuchte nach ihm zu greifen, die Distanz zu überwinden.
Er wich aus.
Nimm mich bitte in den Arm. Ich brauche Zärtlichkeit.
Ich packe es sonst nicht, sagte sie.

Druck und Drohung.
Aus Angst und Hilflosigkeit.
Er setzte sich »nur« neben sie, hielt sich mit beiden Händen an der Bank fest.
Plötzlich erschien ihr die Situation paradox.
Sie lachte.
Über sich? Über ihn? Über alles? Um ihre Spannung zu entladen?
Keine Ahnung.
Warum lachst du? fragten die Augen.
Was soll ich denn sonst tun? Dich erschlagen?
Es folgte Schweigen.
Eine gewisse Spannung blieb, trotz dem Versuch sie zu bekämpfen, mit irgendwelchen Worten.
Der Abend war zerstört.
Wieder ein Abend.
Gefühle nicht gelebt, mit Worten der Angst zerdacht.
Was blieb, war Frust und Unsicherheit, weiterhin.

Sie wollte mit ihrer Freundin auf ein Open-air-Konzert.
Treffpunkt: die Kneipe.
Er war noch sehr verpennt.
Bekommen wir noch einen Kaffee?
Natürlich.
Ruhe in der Kneipe.
Alles leer.
Ein bißchen Reden hier.
Ein bißchen Flirten da.
So nahe wie schon lange nicht mehr.
Nein, es paßt mir nicht, daß sie in der Disco bedient, antworteten die Augen auf die Frage ihrer Freundin und schauten sie unsicher an.

Sie freute sich, innerlich.
Es tat gut, das zu hören.
Sie, die emanzipierte Frau, sie würde das sogar für ihn aufgeben, wenn es ihm wichtig wäre.
Doch das sagte sie nicht.
Sie ließ diesen Satz so stehen – und ihn später sitzen.
Das Open-air war genial.
Doch in Gedanken war sie ganz woanders.
Sie schwebte so durch die Gegend und bekam nur die Hälfte mit.
Dafür holten sie ihre Hunde immer wieder auf den Boden der Tatsachen zurück, indem sie alles mögliche anstellten.
Ein aufregendes Wochenende und das Ende ihres Urlaubs vom Bedienen und der Jugendwohngemeinschaft.

Jetzt war sie arbeitslos oder besser gesagt arbeitssuchend und bediente fast jeden Abend.
Hier und dort.
Das Nachtleben hielt sie gefangen.
Ein anderes Leben.
Warme Nächte, Lagerfeuer, Feten, Discos.
Die Tage waren angefüllt mit Haushalt, Hunden, Arbeitsamt, Bewerbungen schreiben, Vorstellen, Fahrstunden.
Viele Begegnungen mit den Augen folgten, schon bedingt durch das Bedienen.
Sie waren mal nah, mal fern, mal schön, mal schmerz-

haft, liebevoll und verletzend, verständnisvoll und merkwürdig.
Alles ganz normal ver-rückt.

Ein Abend.
In der Disco. In der sie bediente.
Die Augen kamen, wie versprochen, mit einer ganzen Reihe seiner Stammgäste, um sie zu besuchen.
Unpassend für den etwas biederen Rahmen des Donnerstagabend.
Der Oldie-Tag.
Die Augen schauten sie entschuldigend an.
Er kam ihr vor wie der Kindergartenonkel, der mit seinen Kleinen einen Ausflug macht.
Sie freute sich sehr, ihn zu sehen.
Doch so schnell, wie sie gekommen waren, waren sie auch wieder fort.
Er mußte zurück in seine Kneipe.
Vor lauter Aufregung hatte sie ganz vergessen, ihn zu fragen, ob er einfach mal wieder etwas mit ihr alleine machen wolle, an seinem freien Abend.
Zur Zeit war sie wieder sehr mutig.
Sie sagte einem gemeinsamen Freund, er solle ihm ausrichten, daß die Augen sie anrufen sollten.
Er rief sogar gleich in der Disco an.
Komm doch noch ans Lagerfeuer, sagten die Augen.
Natürlich, aber nicht so lange, ich habe morgen noch einen Vorstellungstermin, da muß ich wach sein.
Es war der Geburtstag des netten Ausschanks, mit dem sie öfter zusammenarbeitete.
Oh Gott, war sie heute wieder verliebt.

Sie schwebte durch die Disco und hatte nur noch ihn im Kopf und im Bauch.
Später versuchte sie ihre Angst zu bezähmen.
Sie hatte das Gefühl, sie würde in ihr Glück fahren.

Das Lagerfeuer.
Die Menschen dort freuten sich, sie zu sehen.
Sie wünschte dem Ausschank alles Gute zum Geburtstag. Küßte dann zuerst einen Freund, bevor sie die Augen küssen wollte.
Die aber zogen sich wieder zurück.
Konnte nur noch bedienungsmäßig zu ihr stehen beziehungsweise sitzen.
Meilenweit nur ein kleines Fettnäpfchen, und sie mußte hineintrampeln. Sie wurde schon wieder unsicher.
Ich möchte mal etwas mit dir allein machen, sagte sie.
So?
Was heißt da so? fuhr sie auf. Dann sag halt, daß du keine Lust hast.
Das habe ich nicht gesagt. Ich habe nur ›so‹ gesagt.
Sie versuchte sich wieder zu beruhigen.
Hast du morgen nachmittag Zeit?
Nee, tut mir leid, morgen geht es nicht.
Gut.
Und schon zog sie sich wieder zurück. Beleidigt.
Dann soll halt er …
Sie ging.

Am nächsten Tag, nach ihrem Vorstellungstermin, schaute sie noch in der Kneipe vorbei.
Lag ja schließlich auf ihrem Weg.
Er war gar nicht da.

Nur seine Mutter.
Sie mochte seine Mutter sehr, sie erinnerte sie an ihre eigene.
Sie solle bei ihm anrufen und ihn aus dem Bett schmeißen, sagte seine Mutter.
Das machte sie dann auch.
Er schien nicht sehr erfreut.
Das legte sich auch nicht, als er kam.
So ging sie bald, sie mußte schließlich abends arbeiten.
Nach Dienstschluß wollten sie noch zu viert zum Weißwurstessen fahren.
Sie freute sich schon, endlich mal mit den Augen was zu unternehmen.
Ein anderes Flair ...
Doch sie stand sich mal wieder selbst im Weg.
In der Disco unterhielt er sich mit einer Frau, und diese tatschte ihm auch noch auf den Hintern.
Sie kochte schon wieder vor lauter Eifersucht.
Wer war diese Frau?
Was wollte sie von ihm oder er von ihr?
Sie rannte durch die Disco wie eine Furie.
Als er sie fragte, ob sie nun fahren würden, legte sie los.
Na, haste mal wieder toll geflirtet, das kotzt mich an, schrie sie.
Er schluckte und verabschiedete sich kurz darauf.
Und sie wußte nicht, ob sie nun weiter sauer oder traurig oder sonst etwas sein sollte.
Enttäuscht, das war sie.
Wieder nichts mit diesem Abend.
Sollte sie sich nun selbst ohrfeigen, weil sie gleich so aufgefahren war, ohne erst einmal zu fragen?
Auf der anderen Seite hatte sie immer solche Schwierig-

keiten, ihre Wut zu zeigen, und deswegen war sie irgendwie stolz auf ihre Aktion.
Eine liebe Frau hat nicht aggressiv zu sein.
Vielleicht war das genau der springende Punkt: weil sie mit ihrer Wut so schlecht umgehen konnte, reagierte sie dann auch so extrem, wenn sie auftauchte.
Ein anderer, daß sie so gerne Gefühle wie Enttäuschung, Traurigkeit ..., mit Wut zudeckte.
Aggressivität gaukelt Stärke vor, die anderen Gefühle Schwäche.
Auf jeden Fall gingen sie noch »Weißwurstessen«, doch genießen konnte sie es nicht mehr.

Am nächsten Tag wieder Seelenkater.
Das Geburtstagsfest des Ausschanks stand heute an. In der Kneipe.
Sie ging hin, zog sich jedoch viel zurück.
Sie hatte Kreislaufschwierigkeiten und war traurig.
Irgendein Mann wollte ihr seine Geschichte aufdrängen.
Sie hatte keine Lust zum Zuhören.
Er wurde massiv.
Sie dann auch, ließ ihn am Ende einfach sitzen.
Ein anderer wollte von ihr unterhalten werden.
Dazu hatte sie auch keine Lust.
Sie grenzte sich ab.
Warum ging sie denn nicht einfach nach Hause?
Was hielt sie nur?
Die Augen.
Sein Verhalten konnte sie nicht einordnen.
Er war freundlich-distanziert.
Sie blieb.
Sogar noch beim anschließenden Lagerfeuer.

Sie war angetrunken, trotz der »leichten« Weizen, die sie heute vorsichtshalber getrunken hatte.
Doch ihr Körper wollte heute nicht.
Sie bat die Augen, ob er sie nicht heimfahren könne.
Er wollte oder konnte nicht, oder beides.
So schwang sie sich enttäuscht auf ihr Fahrrad und fuhr davon.
Sie hatte ihren Schlüssel vergessen, mußte noch einmal zurück und landete fast im Lagerfeuer, weil sich ihr Rock in den Speichen verfangen hatte.
Eine tolle Aktion!
Später hatte ein Reifen keine Luft mehr, und als ihr das Schieben zu dumm wurde, fuhr sie einfach auf der Felge weiter.
Ein erfolgreicher Abend.
Wenigstens hatte sie es geschafft, dem Mann mit seinem Unterhaltungsdrang aus dem Weg zu gehen.
Der hätte sie, wenn es nach den Augen gegangen wäre, heimfahren sollen.
Doch diesem Mann traute sie überhaupt nicht.
Endlich daheim.
Mal wieder traurig und wütend.

Am nächsten Tag fuhr sie mit einem anderen Fahrrad in die Kneipe.
Zuerst hatte sie sich überlegt, ob sie sich schämen sollte.
Besser war, sie fing an über sich selbst zu lachen.
Doch die Distanz zu den Augen ließ sich nicht aufheben.

Die Kneipe feierte ihr Einjähriges.
Drei Tage Streß.

Sie bediente immer allein, die Kneipe und den Biergarten.
Sie wollte es so.
Lieber allein als mit jemand anderem zusammen, der nur im Weg rumgestanden wäre.
Drei Tage, in denen sie wieder mit dieser Frau, seiner Begierde, und anderen Frauen konfrontiert wurde.
An denen sie wieder nicht wußte, wohin mit all ihrer Angst, ihrer Unsicherheit und Eifersucht.
In denen sie vor sich hinlitt, ohne sich viel anmerken zu lassen, sich ablenkte durch Arbeit.
Am Sonntag sagte er einfach, sie könne früher aufhören.
Wieso?
Sie war zwar fertig, aber wollte er sie loshaben? Oder dachte er womöglich an sie?
Sie bezweifelte letzteres.
So war sie wieder mal wütend und enttäuscht, wußte gar nicht, was sie mit ihrer freien Zeit nun anfangen sollte, und feierte schließlich mit den anderen.
Es lebe die Kneipe!

Sie wollte mit ihm über ihre Eifersucht reden.
So ging es doch nicht weiter.
Keine Ahnung, was sie erwartete, doch sagen mußte sie es.
– Ich muß mit dir reden.
Er wand sich wie ein Aal, bis er schließlich doch mit ihr an einem Tisch saß.
– Okay, was ist los?
– Ich bin so verdammt eifersüchtig.
– Auf wen?
– Auf jede Frau, auf einfach alles. Ich bin so unsicher.

Er grinste und sagte, mit der einen Frau in der Disco war noch nie etwas, sie ist nur eine gute Bekannte und überhaupt.
– Das ist egal, sagte sie.
Eigentlich schrie sie um Hilfe, doch er konnte sie nicht hören, weil sie noch nicht schreien konnte.
– Es sitzt in mir. Ich weiß nicht, woran ich bei dir bin, und das macht mich verrückt.
– Was soll ich tun?
– Weiß ich doch nicht, sagte sie gereizt.
Die Wut stieg in ihr hoch.
– Verdammt, was soll das alles?
– So bin ich halt, meinte er.
– Wie bist du denn?
Mußt du denn immer den Menschen in den Hintern treten, die dich mögen?
Das Lächeln wich aus seinem Gesicht.
– Und nun?
– Ich weiß nur, daß ich es so nicht mehr aushalte und notfalls eben Konsequenzen ziehen muß.
Er wußte genau, was sie meinte.
Es ging darum, daß sie zu bedienen aufhören würde, wenigstens bei ihm.
Sie wollte eigentlich noch so viel sagen, doch die Enttäuschung schnürte ihr die Worte ab.
Was hatte sie denn erwartet?
Daß er wußte, was sie brauchte?
Endlich die langanstehende Liebeserklärung?
Keine Ahnung.
– War das alles, fragte er.
Sie nickte und ging.

Trotz allem veränderte er sein Verhalten wirklich. Aus welchen Gründen auch immer.
Er ging bei Frauen auf Distanz.
Auf der anderen Seite setzte er sein Wissen gekonnt ein, wenn er etwas von ihr spüren oder sie auf Abstand bringen wollte.
Endlich ein Schwachpunkt, wo er sie doch so stark glaubte?
Oder eine Schwäche von ihm, da er ihr nicht glaubte?
Eine Möglichkeit, auf Distanz zu gehen, wenn ihm ihre Nähe unerträglich wurde?
Und vielleicht auch eine Chance, ihr seine Eifersucht zu zeigen?

Den Abend vor ihrem Geburtstag arbeitete sie in der Discothek.
Die Augen wollten mit ihrem gemeinsamen Freund bei ihr vorbeischauen.
Doch sie kamen nicht.
Was war nur los?
Sie wußte noch nicht so genau, ob sie nun enttäuscht sein sollte oder nicht, irgendwie rechnete sie mit einer Überraschung.
So beschloß sie, noch in der Kneipe vorbeizuschauen.
Es brannte tatsächlich noch Licht.
Der gemeinsame Freund war nicht da.
Der Blick der Augen war für sie mal wieder unverständlich.
Die Atmosphäre war spannungsgeladen.
Drei Leute an der Theke, vier an einem Tisch beim Kartenspielen.

Die Augen bemüht, sich selbst und die an der Theke zu unterhalten.
Das war also die Überraschung!?
Hatte er ihren Geburtstag vergessen?
Jetzt war sie wirklich enttäuscht und verließ das ganze Geschehen so schnell wie möglich.
Daheim klingelte das Telefon.
Es waren die Augen.
Ernstlich bemüht, lustig zu sein.
Ein kurzer Austausch von »dummen Sprüchen«, die Kneipe hörte mit.
Klasse, ihr Geburtstag fing ja schon gut an.
Okay, schlimmer konnte es nicht werden.

Am nächsten Tag viele Vorbereitungen.
Am Nachmittag Kaffee und Kuchen für ihre Familie, am frühen Abend der Einzug in die Kneipe zu ihrer Wahlfamilie, mit den Familienmitgliedern, die noch Lust hatten auf Grillen und Feiern.
Warum die Kneipe?
Natürlich wegen der Augen.
Hätte sie woanders gefeiert, wäre fast die ganze Kneipe bei ihr eingeladen gewesen und diese somit leer.
Doch sie hatte die Befürchtung gehabt, daß die Augen trotzdem nicht gekommen wären.
So versuchte sie alles unter einen Hut zu bringen.
Umsatz für die Kneipe, die Augen, die Menschen, die sie so sehr mochte, und ihre Familie.
Die Augen waren immer noch sehr merkwürdig.
Das lockerte sich erst, als sie ihn offiziell zum Essen einlud.
Oje, hatte er wirklich eine Einladung gebraucht?

Sie hatte so gehofft, daß er wüßte, daß sie das alles wegen ihm so geplant hatte.
Vielleicht doch nicht?
Vom Fest selbst bekam sie wahrscheinlich am wenigsten mit, sie war fast die ganze Zeit unterwegs, bediente ihre Gäste, unterhielt sich meist nur kurz, packte Geschenke aus und was frau halt so macht, wenn sie Geburtstag hat.
Und danach?
Keine Ahnung, der Sekt sprudelte in ihrem Kopf nebst einer interessanten Mischung anderer Getränke – ein Fall ins plötzliche Nichtstun.
So hatte sie sich ihren Geburtstag eigentlich nicht vorgestellt.
Irgendwie alles so merkwürdig.
Und doch nicht.
Wieder ein Nähe- und Distanzspiel mit den Augen.
In so vielen Situationen passierte etwas zwischen ihnen und doch manchmal so Unverständliches.
Wirklich?
Warum war immer alles so kompliziert?
Was hätte sie sich denn gewünscht?
Ganz viel Nähe zu den Augen.

Am nächsten Tag mußte sie wieder in der Kneipe bedienen.
Sie machte heute etwas auf beleidigt-distanziert.
Keine kleine Aufmerksamkeit von den Augen.
Nichts, nicht einmal heute.
Und überhaupt war er nicht so lieb, wie sie es sich gewünscht hätte.

Wo doch ihr Geburtstag etwas ganz Besonderes war oder besser gesagt er es für die anderen sein sollte.
Gut, trotzdem arbeiten.
Es war fast nichts los heute, so würfelten sie ein paar Runden.
Irgendwie schien es ein Machtkampf zwischen den Augen und ihr zu werden, doch ihr Glück im Spiel war heute unschlagbar.
Dafür mußte sie kleine Bosheiten einstecken und er das Kontra.
Eine spannungsgeladene Atmosphäre, in die ein Mann, den sie und die Augen kannten, mit zwei Freunden platzte.
Dieser Mann wollte sie extra einmal besuchen, nachdem er es schon vor Wochen versprochen hatte.
Sie spielte nicht mehr konzentriert, unterhielt sich nebenher mit diesen Männern und gewann trotz allem.
Die Augen reagierten immer gereizter.
Die Männer wollten das Lokal wechseln, der eine meinte, er würde später nochmal vorbeikommen.
Das tat er dann auch.
Abrechnung, Schluß und ein Konflikt in ihr.
Der Mann wollte in eine andere Disco als die Augen.
Doch wenn er schon extra gekommen war, konnte sie ihn nicht einfach stehenlassen, außerdem waren die Augen heute sowieso so unfreundlich zu ihr und …
So fuhr sie mit diesem Mann noch in die Disco, mit dem Versprechen, später noch ans Lagerfeuer zu kommen.
Das wurde zu einer Horrorgeschichte vor dem Schlafengehen.
Die Augen sprudelten über vor kleineren und größeren Gemeinheiten ihr gegenüber.

Es schien diesmal die umgekehrte Situation zu sein, nämlich er eifersüchtig und wütend.
So wußte sie nicht einmal, ob sie nun verletzt oder geehrt sein sollte.
Sie entschied sich dafür, gar nichts zu sein und möglichst alles an sich abprallen zu lassen.
Eigentlich hatte sie sich schon gedacht, daß ihre Entscheidung nicht sonderlich gut war, als ihr der Mann auf der Fahrt erzählt hatte, daß er auch die Frau kenne, die die Augen so begehren, er auch öfter bei ihr zu Gast sei, was die Augen auch wüßten.
Also ein doppelter Rivale?
Doch nun konnte sie es nicht mehr rückgängig machen.

Ein neuer Tag, ein neues Glück?
Sie versuchte sich viel Ruhe zu gönnen, denn gleich in der Früh am nächsten Tag fuhren einige Gäste ›ihrer‹ Kneipe und einer anderen nach Rust.
Doch sie stolperte immer wieder über ihre Verwirrtheit.
Und aufgeregt war sie auch.
Kurz nach zwölf betrat sie die Kneipe.
Viele waren nicht mehr da, die sich dann das Abenteuer Lagerfeuer gaben.
Am Lagerfeuer entwickelte sich eine aggressive Stimmung.
Auch zwischen ihr und den Augen.
Er mußte irgendwie noch einmal nach Hause und wollte nicht unbedingt mit dem Motorrad fahren.
Wegen der Kälte.
Er fragte alle außer ihr, ob sie ihn entweder heimfahren oder ihm ein Auto leihen könnten.

Und sie dachte sich, auch gut, wenn er mich nicht fragen kann – ich dränge mich nicht auf.
Hatte er nur genau darauf gewartet?
Keine Ahnung, da nichts kam, entschied er sich doch widerwillig für sein Motorrad.
Auch gut.
Während er fort war, gab es noch eine kurze Schlägerei, etwas, das sie so liebte ...
Das Pärchen, auf das sie eigentlich gewartet hatten, kam nicht. Sie holten sie ab, die beiden hatten verschlafen.
An der Sammelstelle fehlten immer noch zwei Personen, die verspätet endlich eintrudelten.
Die Augen waren merkwürdig, gereizt-freundlich.
Eine interessante Mischung. Einen solch geglückten und harmonischen Anfang hätte sie sich im Traum nicht vorgestellt.
Das konnte ja noch heiter werden ...
Endlich Abfahrt.
Die Augen begaben sich ganz nach vorne auf den Beifahrersitz des Busses, nachdem ihn sein Freund nicht neben sich ließ, und neben sie wollte er sich anscheinend nicht setzen.
Doch in Rust schien er das alles wieder vergessen zu haben und schloß sich seinem Freund an, wie auch ein junger Mann und natürlich sie.
Zu viert machten sie also Rust unsicher, genossen den sonnigen, warmen Tag, tollten herum und glichen gegen Ende gebadeten Mäusen.
Wir sind halt verrückt, sagten die Augen.
Den ganzen Tag über vermied er, jemals mit ihr allein irgendeine Fahrt zu wagen.

Auch gut, dann eben nicht, Hauptsache in seiner Nähe sein.
Sie war für alle Fälle ausgerüstet und konnte somit ihre Kleidung wechseln.
Die anderen mußten sich in der Sonne trocknen so gut es ging.
Einfach ein schöner Tag, auch wenn in ihr eine tiefe Unzufriedenheit saß.
Sie wäre ihm am liebsten noch näher gewesen.
Auf der Rückfahrt wollte er sich neben sie setzen, doch sie reagierte zu spät.
Bis sie die Sachen auf dem Platz neben sich weggeräumt hatte, war er schon wieder auf dem Beifahrersitz.
Schade, dachte sie.
Sollte sie ihn holen?
Nein, lieber nicht.
Wieder in der Kneipe, kämpften die Augen schon mit einer Erkältung, schwärmten jedoch unbeirrt von diesem tollen Tag.
Kuschelten sich irgendwann in eine Ecke, mit einem Stofftier.
Und sie mußte sich zusammenreißen, ihn nicht einfach in die Arme zu nehmen und ihn niederzuknutschen.
Er sah wirklich lieb aus, so.
Statt dessen fragte sie ihn wieder, ob er mal etwas alleine mit ihr unternehmen würde.
Es kam keine verbindliche Aussage.
Ja, morgen weiß er noch nicht und überhaupt, druckste er herum.
Er sah anscheinend nur lieb aus.
Jetzt hätte sie ihn statt niederknutschen eher niederschlagen können.

Sie versuchte sich nicht aufzuregen und beschloß, einfach am nächsten Tag mal vorbeizuschauen.

Wie beschlossen, so getan.
Als sie in der Kneipe auftauchte, laberte er irgend etwas in der Art, er müsse auf eine Holzladung für die nächsten Lagerfeuer warten und danach, keine Ahnung.
Gut, dann gehe ich eben zum theoretischen Unterricht in die Fahrschule, sagte sie.
Dann geh eben, erwiderte er gereizt.
Gut, und tschüß.
Die Augen wußten wohl auch nicht so recht, was sie wollten, dachte sie noch und versuchte sich von ihrer Enttäuschung nicht überwältigen zu lassen.

Ein paar Tage später besuchten sie zusammen mit einigen anderen Leuten ein Volksfest.
Wieder so eine merkwürdige Stimmung.
Schien zur Gewohnheit zu werden.
Trotzdem schoß er ihr ein kleines Andenken.
Für was nur?
Zum Ausgleich mußte er sie später gleich wieder blöd anreden und ihr ansonsten aus dem Weg gehen.
Klasse!
Sie versuchte ihn zu ignorieren, besser gesagt seine Stimmung, aus der sie eh nicht klug wurde, und es sich gut gehen zu lassen.
Vielleicht war dies auch genau das, was sie lernen mußte: viele Erwartungen, viele Enttäuschungen, wenig Erwartungen, wenig Enttäuschungen, keine Erwartungen, keine Enttäuschungen.
Sie übte mal.

Wieder einige Tage später folgte dann auch gleich eine sehr schwierige Übung.
Ein sonniger Sonntag.
Eigentlich ein wunderschöner Tag.
Kneipe, Biergarten, liebe Menschen, alle gut gelaunt ..., bis auf die Tatsache, daß alle Durst hatten.
Der Wirt, heute auch Bedienung, hatte nicht mit so vielen Gästen auf einmal gerechnet, war gut angetrunken und rannte wie ein aufgescheuchtes Huhn um seine Traumfrau herum.
Als die dann abzog, brach er irgendwie ganz zusammen und war einfach unfähig, Gäste zu bewirten.
Sie redete ihn zudem noch dumm an, als ihren »Scheiß-Chef«.
War sie mal wieder eifersüchtig und wütend?
Niemals!
Sie ärgerte sich nur, weil er so dumm war, wegen dieser Frau sein Geschäft nicht auf die Reihe zu bekommen, alles stehen und liegen zu lassen, obwohl es dieser Frau egal ist, Hauptsache sie wird umschwärmt.
Aber eifersüchtig, das war sie nicht.
Nicht sehr viel später konnten die Augen überhaupt nicht mehr arbeiten.
Die Gäste bettelten sie an, daß sie etwas zu trinken bringen möge.
Okay, wegen der Gäste.
Wegen ihm doch nicht.
Schließlich war er ja selbst schuld.
So kam es, daß seine Exfreundin und sie eine Zeitlang die ganze Arbeit übernahmen.
Sie verabschiedete sich schließlich, immer noch wütend.

Während seine Exfreundin zur Belohnung mit ihm schlafen durfte.
Das jedoch erfuhr sie erst um einiges später.
Wie immer durch Zufall.

Sie schrieb ihm einen wütenden Brief.

»Ich hoffe, daß ich dazu komme, Dir dies alles selbst zu sagen.
Denn diesmal finde ich einen Brief fehl am Platz – mal sehen.
Ich liebe diese Kneipe, ich liebe die Gäste und ich liebe Dich.
Bisher war ich immer mehr als eine Bedienung, und tief in Dir weißt du das auch.
Ich habe sehr viel Kraft und Energie eingesetzt, wofür ich nicht bezahlt worden bin und gar nicht bezahlt werden kann.
Ich habe es für Dich und natürlich für mich getan.
Für etwas, das mir eben wichtig ist.
Dabei habe ich so gehofft, Du würdest einiges kapieren, bevor ich keine Kraft mehr habe, und ich hoffe noch, denn ein bißchen Energie kann ich noch geben.
Deine Einstellung zur Kneipe fällt und steht mit Deinem Gefühlsleben.
Das ist zwar interessant, doch da bei Dir gerade alles drunter und drüber geht, untragbar.
Du hast ein Publikum, nach dem sich andere die Finger abschlecken würden, auch durch Deine »Art« herangezogen.
Sie können nichts dafür, wenn Du wieder mal im Streß stehst.
Sie lassen sich zwar viel gefallen, doch Du gehst zu weit.
Du kannst nicht die einen abwimmeln, von wegen zu viel Arbeit und so, und dann in der Küche mit drei Leuten, die vielleicht alle zwei Wochen kommen, einen Umsatz von ca. 60,- DM machen, eine Privatfete feiern.
Warum riskierst Du Deine Stammgäste für diese Frau?

Der ist es egal, ob Du die Kneipe verlierst oder nicht.
Sie hat ihren Job, eine Wohnung (zu der Du ihr mitverholfen hast) und alles andere auch.
Wenn Du und die Kneipe ihr wichtig gewesen wären, dann hätte sie Dir geholfen.
Das tat sie jedoch nicht.
Statt dessen konnte sie lachen, weil Du kurz mit ihr verschwunden bist und Dir alles andere egal war …, während Deine Exfreundin und ich uns um Deinen Laden kümmerten.
Menschen, die Dich mögen, behandelst Du oft wie den letzten Dreck, und den anderen kriechst Du in den Hintern.
Bist Du wirklich so hirnverbrannt, daß Du diese Unterschiede nicht mehr sehen kannst?
… aber blind bist Du momentan auf jeden Fall.
Und Angst!
Angst vor mir z.B.
Ich weiß genau, daß es für Dich schwer ist, es zu akzeptieren, wie ich mit Männern umgehe, obwohl Du es umgekehrt genauso machst.
Doch sagen tust Du es mir nicht, Du läßt es mich nur spüren, hinterher.
Dein Strohhalm ist diese Frau – von wegen Dein Herz ist noch nicht frei!
Du willst es doch gar nicht.
Vor lauter Angst vor Deinen Gefühlen bist Du lieber unglücklich verliebt, als mit mir auf die Schnauze zu fallen.
Du hast Angst, die Verantwortung für Deine Kneipe alleine zu tragen, und anstatt daß Du es einfach versuchst, wirtschaftest Du sie herunter. Damit bestätigst Du Dir nur Deine Unfähigkeit.
Du hast Angst wegen dem Geld und Deinem Umsatz und vergraulst Dir dabei auch noch Dein Personal und Deine Gäste.

Du beschwerst Dich, daß Dir niemand hilft, doch Du bist Dir zu fein, jemanden zu fragen, aus welcher Angst heraus auch immer.
Laß Dich fallen.
Vertraue Dir und dem Leben.
Du mußt dich jetzt entscheiden.«

Sie redete mit ihm nie über diese ihre Gedanken.
Sie gab ihm auch den Brief nicht.
Wozu auch?
Erstens klang der ganze Brief überheblich.
Zweitens erkannte sie sich selbst in so vielen Punkten, daß sie beschloß, nur für sich selbst Verantwortung zu übernehmen und nicht für ihn und nicht für die Kneipe, auch wenn sie beide liebte.
Es war so schwierig zuzuschauen, wie bestimmte Dinge ihren Lauf nahmen.
Nichts dagegen zu tun und das Ende abzusehen.
Und gerade deswegen war es eine wichtige Erfahrung für sie.
Sie konnte nicht die Verantwortung für die ganze Welt tragen.
Nur für sich selbst.
Wobei das für sie vielleicht sogar noch schwieriger war.

Die Lage spitzte sich zu.
Sie arbeitete mit dem netten Ausschank.
Der Abend war ruhig.
Viel zu ruhig.
So wagten sie es, die Kneipe schon eine Stunde früher zu schließen.
Dafür erhielt sie einen Anschiß des Chefs am Lagerfeuer.

Der Ausschank war verletzter als sie. Er setzte ebenfalls sehr viel Zeit und Energie ein, und dann diese Behandlung.
Sie wußte, er tat sich noch schwerer als sie, sich für seine Rechte, für das, was er will bzw. nicht will, einzusetzen, sich abzugrenzen, Bedingungen auszuhandeln.
Sie wußte auch, daß seine Konsequenz so aussah, daß er sich schon seit längerem nach einem anderen »Nebenjob« umsah.
Dies alles ärgerte sie mehr als ihre eigene Situation.
Trotzdem hatte sie keine Lust mehr, irgend etwas zu versuchen, das eine Veränderung zur Folge gehabt hätte.
Es veränderte sich zwar viel, aber in eine Richtung, die sie befürchtet hatte.

Außer dem Ausschank und ihr war vom Stammpersonal niemand mehr übriggeblieben.
Sie mußte öfter mit »Stammgästen« arbeiten, die sie gerne mochte, die jedoch von der Arbeit nicht so viel Ahnung hatten.
Die Augen vermieden es immer mehr, mit ihr zusammenzuarbeiten, dafür stand seine »Traumfrau« fast ständig mit ihm im Dienstplan. Seine Chance, sie wieder in seiner Nähe zu haben.
Die meisten Gäste aber mochten die Frau nicht.

Ein Abend, an dem sie mal wieder bediente.
An dem sie mit einem Ausschank kein gutes Team bildete.
Was für sie mehr Arbeit bedeutete.
Gut, daß es vorbei war.

Sie sollte mit den Augen in der nahegelegenen Disco abrechnen.
Sie bekamen sogar das Büro dafür.
Der letzte Abend, an dem sie mal wieder versuchte, mit ihm zu reden.
Über die Kneipe, über ihn, über sich selbst.
Der Chef der Disco hörte eine Zeitlang zu, steuerte ein paar Bemerkungen bei.
Ein schöner Abend, wieder mal ganz nah und doch …

Und doch folgte dann dieser Abend:
Sie bediente mit den Augen.
Er war wütend, weil der Ausschank, ohne abzusagen, nicht erschienen war. Später ließ er durch einen Freund seine Kündigung ausrichten.
Die Augen waren noch wütender.
Sie war nicht überrascht und sagte ihm nur, daß er sich nicht zu wundern brauche, nach dem, wie er mit ihm umgegangen sei.
Als er dann auch noch mit einer Frau zu flirten begann, hatte sie das Gefühl, es wäre jetzt auch bei ihr an der Zeit.
Bei der Abrechnung stritten sie sich noch kurz.
Schließlich sagte sie ihm, das wäre ihr letzter Abend, sie hätte auch keine Lust mehr.
Wutentbrannt verließ sie die Kneipe.
Einfach nichts verstanden.
Sie sahen sich später noch in der Disco.
Er warf ihr einen hilflosen Blick zu, der jedoch unterging in ihrer ohnmächtigen Wut.
Eigentlich hätte sie ihn in diesem Moment am liebsten

in den Arm genommen, ganz festgehalten und gesagt, ich bleibe bei Dir, egal was passiert.
Statt dessen giftete sie ihn an und ging an ihm vorbei.
Warum war sie denn nur so wütend?
Keine Ahnung.
Wut erleichterte ihr den Abstand.
Abstand zu ihm, Abstand zu der Kneipe, zu seiner Kneipe.
Wieder mal überprüfen, wer sie war, was sie wollte …
Neu ordnen.
Ihre Wut ließ sie ihre Verletzungen nicht so sehr spüren.
Sie konnte sich noch nicht anders schützen.
Lieber sollte er Stiche im Bauch spüren als sie selbst, auch wenn sie sich damit genauso verletzte.
Wütend ging sie nach Hause.
Wütend legte sie sich ins Bett.
Wütend stand sie am nächsten Tag wieder auf und schlich sich wütend durch einige Tage, an denen sie die Kneipe mied.

Die Mädels aus der Kneipe hatten die fußballspielenden Jungs derselben zu einem Wettkampf aufgefordert.
Natürlich war sie auch dabei, so einen Spaß wollte sie sich nicht entgehen lassen.
So begann ein hartes Training.
Hart deswegen, weil sie es nicht gewohnt waren, von der fehlenden Technik ganz zu schweigen.
Doch amüsant war es.
Die Ideen häuften sich.
Von einer Zeitung bis zum Fanklub war alles organisiert oder wenigstens im Begriff dazu.
Nach einem der Trainings, die höchst geheim abliefen

(keiner der Jungs durfte etwas davon mitbekommen), wollten sie noch in *die* Kneipe.
Also gut.
Herz zusammennehmen und hinein.
Die Augen bedienten.
Er war noch mehr erschüttert als sie und, das war wieder das, was sie so faszinierte, zeigte dies ganz offensichtlich.
Wieder einer der Momente, in denen sie ihn am liebsten in den Arm genommen und geküßt hätte und dann ganz anders reagierte.
Sie ging zu ihm an die Theke, beschimpfte ihn, daß er erzählt habe, sie wäre einfach nicht mehr gekommen, wo sie doch ganz eindeutig gekündigt hätte, und er solle das gefälligst unterlassen.
Die ganze Aktion mal wieder mit einem finsteren Gesicht und vor Wut sprühenden Augen.
Toll, klasse, das hatte sie fein hinbekommen.
Schön auf Distanz halten.
Alles klar!?

Leider wurde es mit ihrer Teilnahme am Fußballspiel doch nichts.
Sie bekam ein tolles Angebot als Bord-Service eines Busunternehmens.
Aus Geldmangel und wegen der Tatsache, daß es sich wirklich um ein interessantes Angebot handelte, willigte sie ein.
Zehn Tage Südfrankreich.
Zehn Tage raus aus ihrer kleinen Welt.
Abstand zu allem, mehr Nähe zu sich selbst.
Bevor sie fuhr, wie konnte es auch anders sein, huschte

sie in der Kneipe vorbei und drückte den Augen eine Karte in die Hand, »komm, laß uns uns wieder vertragen«. Die Augen lächelten, etwas »verkniffen«, aber sie lächelten.
Was, du fährst fort, fragten sie noch.
Ja, sagte sie, mach's gut und tschüß.
Guter Auftritt, guter Abgang.
Kurz und schmerzlos?

In Südfrankreich konnte sie ihre Liebe neu entdecken.
Mit Abstand war sie einfach nicht so bedrohlich.
Sie schrieb zwei Karten.
Eine an die Kneipe allgemein und eine für die Augen im besonderen.
Als sie zurückkam, ließ sie sich bestätigen, daß das Fußballspiel ein voller Erfolg gewesen war.
Die Mädels hatten zwar haushoch verloren, aber das war der Spaß wert gewesen.
Die Augen blieben distanziert.
Keine Reaktion auf ihr Karte.

Sie bediente nun öfters in der Disco.
Er hatte nur Augen für die Frau seiner Begierde. Es schien zugleich, als sei er vergeblich darum bemüht, mehr Nähe zu ihr herzustellen. Es blieb aber dabei, die Frau liebte ihn nicht.

Endlich bekam sie ein Angebot als Sozialarbeiterin.
Dort, wo sie schon ihr Praktikum abgeleistet hatte, in einem Jugendzentrum.
Ein Flair, daß sie an die Augen erinnerte.
Viele Auseinandersetzungen folgten.
Mit ihr selbst, mit ihrer Kollegin, mit den Jugendli-

chen ... und ein Erkennen, wie »türkisch« die Augen doch waren, ob sie wollten oder nicht.
In der Disco bediente sie weiterhin.
Haushalt, Hunde, eine Arbeit von 38,5 Stunden in der Woche und zwei Abende bedienen.
Voll ausgelastet!?
Die Begegnungen mit den Augen wurden immer seltener.
Er hatte Schwierigkeiten mit seiner Kneipe.
Zwischendrin versuchte sie ihn zu trösten oder bot ihm ihre Hilfe an, wenn auch nur finanziell.
Er würde es schaffen, wenn er doch nur ...
Er schaffte es nicht mehr.
Nach einem Wochenende, das sie mit ihrer Freundin in Österreich verbracht hatte, stand sie vor den verschlossenen Kneipentüren.

Trotz ihrer Befürchtung, sie würde die Augen nun kaum mehr sehen, passierte etwas völlig Überraschendes.
Er wurde als Kellner in der Disco eingestellt.
Jetzt arbeitete sie wieder zwei Tage mit ihm zusammen und wußte nicht, ob sie das nun ganz toll oder eher als schlecht empfinden sollte.
Auf jeden Fall konnte sie jetzt wieder in die Disco rennen, wenn sie ihn sehen wollte.
Der einfachere Weg für sie, ganz »unauffällig«.
Wenn sie dafür telefonieren oder ihn daheim hätte besuchen müssen, das wäre für sie ein unerträglicher Gedanke gewesen.
Die Begegnungen blieben weiterhin merkwürdig distanziert.
Sie unternahmen zwar öfters etwas zusammen, doch natürlich nur, wenn andere dabei waren.

Er vermied es tunlichst, mit ihr allein zu sein, auch wenn sie ihm die Gelegenheit dazu gab.

Was passierte bei ihr in dieser Zeit?
Veränderung um Veränderung.
Sie begrub mit einem feierlichen Akt ihre Femme fatal.
Die Frau, die immer stark sein wollte und damit sich selbst schadete.
Die, die ständig mit Aggressionen reagierte, um ja keine anderen Gefühle spüren zu müssen.
Die, die viel zu oft hoch bezahlte, um nicht das Gefühl der Unterlegenheit zu bekommen.
Die, die den Applaus brauchte, damit die Einsamkeit sie nicht erdrückte.

Doch mit dem Begräbnis allein war es nicht getan.
Es folgte eine harte Arbeit an sich selbst.
Ihre Stelle im Jugendzentrum half ihr dabei sehr.
Viele Gespräche mit ihrer Kollegin und natürlich auch mit den anderen gingen unter die Haut.
Zerfetzten den Panzer, der schon lange brüchig geworden war.
Wie ein Kind, das laufen lernen mußte, schwankte, stolperte sie zwischen Altem und Neuem.
Das Alte war bekannt, was nicht bedeutete, daß es weniger »gefährlich« war, das Neue jedoch barg Risiken, die sie eben noch nicht genug kannte, von denen sie noch nicht wußte, auf was sie sich einließ.
Trotzdem versuchte sie es immer wieder.
Damit waren die Begegnungen nicht nur merkwürdig distanziert, sondern ruhiger, verletzlicher, vorsichtiger und für sie anstrengender.

Nähe aushalten, wenn es nicht »ganz nah« war.
Zeit zulassen, obwohl die Ungeduld wütete.
Die Unsicherheit ertragen, ohne zu flüchten oder sofort auf Angriff überzugehen.
Sie schaffte es leichter, ihr Waffenarsenal abzubauen, als bei einer vermeintlichen Gefahr die Flucht zu ergreifen, ohne sich zu vergewissern, ob es sich wirklich um eine gefährliche Situation handelte.
Zuflucht suchte sie in starken Armen von Männern oder im Alkohol oder in beidem.
Eine Art Geborgenheit.
Ihre Erlernte.
Wenn die ihrer Familie nicht mehr ausreichte.
In diesem Fall der Discothekencrew.
Und dann noch ein Familienmitglied, das für sie eine »Gefahr« darstellte.
Und trotzdem versuchte sie immer wieder, dieser Gefahr bzw. ihm in die Augen zu schauen.

Was alles für sie in Frage stellte, war ein Gefühl.
Eines, das ihr sagte, die Augen seien auf der Suche.
Er flirtete mit einer neuen Bedienung.
Oh nein, bloß das nicht!
Nicht schon wieder ihn mit einer Freundin aushalten müssen!
Nicht schon wieder Neid und Eifersucht auf eine Frau, die das bekommt, was sie auch gerne hätte.
Von ihm natürlich!
Nicht von den anderen!
Bloß jetzt nicht.
Nicht jetzt, wo sie sich so verletzlich und schwach fühlte, wo ihre Fluchtmechanismen ihr immer mehr bewußt

wurden und gar nicht mehr gut funktionierten, wo sie sich so nach seiner Zärtlichkeit, nach Geborgenheit sehnte.
Sie geriet in Panik und wußte nicht, was sie machen sollte.
Sie schrieb ihm einen Brief.
Einen, den sie ihm dieses Mal sogar gab.
Weil sie sich nicht traute, ihm es selbst zu sagen.

»Hi, ich hoffe, daß ich dazu komme, Dir dies alles selbst zu sagen, und vor allem, daß ich den Mut dazu finde.
Ich sitze jetzt seit ungefähr einer Stunde hier und überlege, was ich eigentlich von Dir will … und das ist gar nicht so einfach.
Zuerst fiel mir ein, ich würde gerne mit Dir reden, über alles, öfter mit Dir zusammen sein, Blödsinn machen, Dich öfter in den Arm nehmen, Dich mal anrufen, einfach so oder weil ich Dir etwas Wichtiges zu erzählen habe, Dich ab und zu besuchen, von Dir angerufen oder besucht werden, mit Dir lachen, mit Dir traurig sein, für Dich da sein …, ohne ein blödes Gefühl, Dich zu stören, Dich zu nerven, ohne die Hilflosigkeit, ob ich Dich nun trösten darf, soll, kann … oder nicht …
Warum mache ich es nicht einfach???
Warum kann ich bei Dir nicht Ich sein, nicht das zeigen, was wirklich in mir ist???
Warum glaube ich mir nicht mehr, warum vertraue ich Dir nicht mehr, warum bin ich bei Dir so ängstlich und unsicher?
Warum fühle ich mich bei Dir schon bei der kleinsten Kleinigkeit abgelehnt???
Warum glaube ich schon an Grenzen, ohne zu wissen, ob da welche sind???
Warum???
…

Dein Bruder würde sagen, weil ich Dich liebe.
Doch das reicht mir nicht.
Diese Ängste hindern mich am Leben.
Tja, und was erwarte ich nun von Dir?
Wenn ich das wüßte.
Ich brauche Dich und Deine Nähe.
Und ich brauche Deine Hilfe.

Wie soll sie aussehen?

Ehrlichkeit vielleicht?
Oder vielleicht eine Chance?
Denn kennst Du mich wirklich?

Du kennst mich als Bedienung, manchmal, oder oft als Gast.
Doch das bin ich nicht, das sind nur Teile von mir.

Will ich, daß Du mich kennenlernst?
Wozu?
Könnte ich es ertragen, »nur« Dein Freund zu sein?
Ich weiß es nicht!
Auf jeden Fall weiß ich, daß ich es nicht ertragen kann, nicht einmal das zu sein.
Ich will mehr!
Also doch eine Beziehung?
Wie geht so etwas?
Ich habe noch nie so richtig eine Beziehung aufgebaut.
Ich weiß noch nicht einmal, ob ich so etwas kann.

Ich weiß eigentlich gerade fast gar nichts.
Das sind einfach nur Überlegungen in alle Richtungen.
Ich weiß nur, so kann ich nicht mehr weitermachen.

Am letzten Donnerstag wäre ich vor Eifersucht fast wieder einmal gestorben.
Bloß keine Freundin von Dir mehr miterleben, das schaffe ich nicht mehr.
Nur, was kann ich tun?

In der Discothek kündigen?
Toll, so weit war ich doch schon mal. In Deiner Kneipe.
Ich habe doch hauptsächlich gekündigt, weil ich es nicht mehr ertragen habe.
Und nun schon wieder?
Was dann?

Ich habe beschlossen, ich muß erst mal alles andere versuchen, um das zwischen uns zu ändern …
Und da wäre ich schon wieder.
Was erwarte ich von Dir?

Was ich mir erwarte, weiß ich.
Ich will meine letzte Hürde schaffen.
Weißt Du, was ich alles durch Dich gelernt habe? (Und Du hast Dich immer so unterlegen gefühlt.)

Ich weiß, daß ich aus Angst vor Dir sehr sehr viel »Mist« gebaut habe, doch dies war alles wichtig für mich, denn der Mist ist ein guter Dünger, damit etwas »Schönes« wachsen kann.
Ich hatte Angst vor Deiner Eifersucht, da ich Angst hatte, meine Selbstbestätigung nicht mehr zu bekommen, da ich Angst hatte, nicht zu wissen, was ich will und was nicht und damit, wieder mein Selbst zu verlieren … und nicht zuletzt, da ich noch nicht wußte, was mit meiner Eifersucht ist.

Heute weiß ich, das meiste, was Dir nicht paßt, paßt mir auch nicht.
Heute brauche ich auch keine Selbstbestätigung mehr, weder umsatzmäßig noch durch das Gefühl, begehrt und bewundert zu werden (dieses Gefühl ist mir manchmal sogar zuviel).
Und mein Selbst werde ich nicht verlieren!
Eigentlich brauche ich einen Mann, der Grenzen hat.
Ich will einen Mann, der mir zeigt oder sagt, was ihn verletzt.
Ich will mit jemandem Kompromisse schließen müssen, mich auseinandersetzen müssen … und mich nicht mehr meiner Grenzen schämen.
Doch das ist heute.
Oder besser, das ist mir schon lange bewußt, doch umsetzten konnte ich es noch lange nicht.
Aus Angst vor einer Abfuhr bin ich lieber mit anderen fortgegangen.
Aus Angst vor Ablehnung habe ich lieber andere in den Arm genommen.
Aus Angst vor Dir habe ich mich in alles mögliche gestürzt.
So konnte ich Dir aus dem Weg gehen.

Okay.
Ich wollte stehenbleiben.

Und nun?
Ich sterbe vor Angst.
Alles, um was ich mich in der letzten Zeit bemüht habe, hat mich unwahrscheinlich viel Kraft gekostet.
Ich wollte mich nicht mehr hinter meiner Arbeit, meiner Wut, meinem Desinteresse, meiner »Coolness« … verstecken.
Jetzt bin ich kraftlos.
Ich kann nicht mehr.

Und trotzdem weiß ich, daß die letzte Hürde die höchste ist.
All das zu tun, was ich bin, ich zu sein …, obwohl ich liebe.
Und eben nichts zu erwarten.
So?
Gut!
Und was will ich dann von Dir?
Hilfe?
Ich habe noch nie Stabhochsprung gemacht und würde mir wünschen, daß Du mir wenigstens über die Schultern spuckst und mir dabei die Daumen hältst.
Oder?
Ich will nicht Dein Mitleid, nicht Deinen Trost, sondern Deine Zuneigung.
Und wenn nicht?
Pech gehabt!
Ich will Dich.
So wie Du bist, mit allem Drum und Dran.
Nicht mehr, nicht weniger.
Ich will Dich als Partner, als Ehemann, als Vater meiner Kinder …
Okay,
und wenn Du nicht willst?
Tja dann,
dann erwarte ich ein »Nein« von Dir.
Ein »wirkliches« Nein.
Auch mit allem Drum und Dran.
Dann hat es Dir egal zu sein, mit wem ich flirte, ob überhaupt, bei wem ich stehe, mit wem ich fortgehe …, dann hast Du nicht mehr wütend zu sein, wenn etwas nicht nach Deinen Vorstellungen, Wünschen usw. läuft.
Denn entweder Du willst mich oder eben nicht.

Doch als Freundin auf Probe, auf ein »Vielleicht« … eigne ich mich nicht.
Du wirst immer etwas finden, was Dir nicht paßt, egal, was ich tue.
Und ich will nicht auf Verdacht, auf ein Gespür, auf irgend etwas hin mich so verhalten, daß ich glaube, es paßt Dir eventuell.
Vielleicht mal einen Tag oder mehrere.

Ich will mich lieber mit Dir streiten, mich mit Dir reiben, zusammen mit Dir Lösungen finden, Kompromisse schließen, bei denen es uns beiden gut geht … usw.
Doch dazu brauche ich Dich.
Also, was erwarte ich von Dir?
Entweder Du bist mein Freund oder mein Partner.
Für beides brauche ich eine Basis der Offenheit, der Ehrlichkeit …, keine Lügen mehr.
Ich muß wissen, was Dich »streßt« und vor allem: warum.
Das, was wir bisher lebten, war doch eine Beziehung auf der Basis von Verletzungen.
Muß das sein?
Daß es sein mußte, weiß ich.
Das war die einzige Möglichkeit, überhaupt etwas vom anderen zu bekommen, auch wenn dies nicht sehr erfreulich war.
Und jetzt?

Ich weiß, wo ich bei Dir seit längerer Zeit stehe.
Unter Beobachtung.
Was gefällt mir an ihr, was nicht, warum macht sie das, warum nicht, so geht es nicht, das paßt nicht, aber doch mag ich sie …

Deswegen bin ich auch so wütend auf Dich.

Auf der anderen Seite kommt mir das so bekannt vor.
Ich befand mich auch einmal auf einem »Hochsitz« und habe Dich beobachtet. Ich stellte mir die Frage, warum ausgerechnet eine Türke? »Türken sind frauenfeindlich, egoistisch, arbeitsfaul, gewalttätig, ...«
Weißt Du, da kam ich einfach nicht weiter damit.
Es sind zwar nur Vorurteile, aber egal was Du tust oder getan hast, es wird sich immer wieder irgendetwas bewahrheiten und mich darin bestärken.
Also ließ ich es.
Ich liebe Dich, ob Türke oder nicht.

So weit, so gut.
Doch wenn Du weder mein Freund noch mein Partner sein willst?
Tja dann?
Dann bin ich wieder dran.
Ich werde dafür sorgen, daß es mir trotzdem gut geht.
Also notfalls kündigen?
Klar!
Und sonst?
Mal sehen.
Ich kenne mich in der Zwischenzeit ganz gut und weiß, was mir guttut.
Auch wenn ich weiß, es würde verdammt weh tun.
Ich habe Dir mal geschrieben, ich habe noch nie jemanden so geliebt wie meinen Exfreund.
Das muß ich heute widerrufen.
Ich habe noch nie jemanden so geliebt wie Dich.
Okay, es wird weh tun, wahrscheinlich so wie noch nie.
Okay.
Aber ich werde es überleben (oder nicht; das ist mein Problem).

Da kommt sie wieder, meine Stärke, vor der Du so Angst hast, nicht wahr?
Es ist jedoch nicht Überheblichkeit ..., was ich damit sagen will, ist, wenn Du aus Mitleid mit mir zusammen wärst, das wäre doch purer Unsinn, oder?
Also!
Es ist erst mal alles mein Problem, und wie ich damit fertig werde, ist auch meines.
Ich bitte Dich um Deine Hilfe.
Die Erste Hilfe wäre, mit mir darüber zu sprechen oder Dich einfach zu zeigen.«

Sie hatte ihm diesen Brief nach der Abrechnung in der Discothek in die Hand gedrückt.
Danach konnte sie ja gehen.
Ließ ihn allein mit dem, was dieser Brief auslösen könnte, und überließ sich selbst ihrer Angst.

Am nächsten Tag war sie mit dem Chef der Disco verabredet.
Ein Mann, den sie mochte, nicht mehr und nicht weniger.
Von dem sie nicht wußte, was er von ihr wollte, aber im Grunde wollte er von jeder Frau etwas, keine Ahnung was.
Trotzdem brauchte sie die Verabredung.
Dieser Mann bedeutete für sie heute Schutz und Stärke, um den Augen überhaupt begegnen zu können.
Die schauten sie heute merkwürdig an, wenn sie ihrem Blick nicht auswichen, mit einem gequält wirkenden Gesicht.
Sie war irritiert und konnte es kaum erwarten, die Discothek zu verlassen, um Abstand zu gewinnen.

Der Chef ließ sich Zeit.
Er hatte sie ja.
Später, als sie zurückkamen, saßen sie noch im Büro, mit noch ein paar anderen.
Sie saß auf dem Schoß eines Stammgastes, immer noch unruhig und ängstlich.
Am besten gar nicht an da »draußen« denken, geschweige denn rausgehen.
Da rissen die Augen die Türe auf, schauten kurz herein und schlossen sie mit ein paar Worten wieder hinter sich.
Sie wäre beinahe aufgesprungen, »wie auf frischer Tat ertappt« oder so ähnlich, rief sich jedoch zur Ruhe.
Nein, das war ja das, was sie nicht mehr wollte, ständig ein schlechtes Gewissen zu haben für irgend etwas.
Sie konnte doch nichts dafür, wenn er nicht auf sie zugehen konnte (was sie ihm ja gar nicht erschwert hatte).
So blieb in ihr ein Trümmerhaufen zurück, so ein Gefühl »Das war's also«.

Dieses bestätigte sich ein paar Tage später.
Er hatte eine Freundin! Wie sie aus Erzählungen erfuhr, schon seit dem Tag nach ihrer letzten Begegnung.
Sie war wie vor den Kopf gestoßen, es zog ihr den Boden unter den Füßen fort ... und ließ sie schuldig fühlen.
Hätte sie doch nicht, und dieser Brief, die dumme Situation im Büro und überhaupt ...
Und nun?

Es folgten viele Begegnungen, mal nah, mal fern, mal er

allein, mal zu zweit, mal verletzte es sie, mal war sie so stark, daß es sie nicht erschüttern konnte ...
Weihnachten verging, ein neues Jahr begann, die Wochen reihten sich aneinander, kamen ihr manchmal vor wie Jahre, dann wieder nicht ...
Sie kündigte einen Tag in der Discothek und bediente damit nur noch am Mittwoch, hinter der Theke.
Das brachte mehr Abstand zu den Augen, der da draußen im Service arbeitete.
Der Fasching ging vorbei, ihr wurde der Mittwoch gekündigt, mit irgendwelchen fadenscheinigen Gründen des Chefs.
Das war gut so, sie wollte eh aufhören, nur das »Wie« zog ein längeres Streitgespräch mit ihm nach sich.
Gut.
Die Distanz zu den Augen wurde immer größer, die Begegnungen seltener.
Der Frühling stand vor der Tür, der Mai nahte.
Der Mai!
Ein Monat mit großer Bedeutung für sie.
Der Liebesmonat?
Zeitdruck?
Drückte sie die Zeit?
Außerdem hatten die Augen Mitte Mai auch noch Geburtstag.
Geburtstag.
Auch so merkwürdig für sie.
Sie hätte diesen so gerne mit ihm gefeiert.
Doch es änderte sich nichts.
Die Beziehung zu der anderen Frau blieb trotz ihres Unwillens hartnäckig bestehen.

Da saß sie nun. Nur wenige Wochen vor seinem Geburtstag und schrieb diese Zeilen.
Daheim an ihrem Tisch.
Und wußte mal wieder nicht, wo es langgehen sollte.
Mehr als ein Jahr war nun vergangen.
Sie verfluchte sich für ihre Angst, das, was die Angst aus ihr gemacht hat.
Trotzdem war alles gut und wichtig.
Nur so hatte sie ihre Angst überhaupt entdecken können.
Abgrenzung ist ein Zeichen von Schwäche.
Grenzen entstehen aus Angst
Grenzenlosigkeit heißt auch Angst.
Angst führt zur Flucht, zur Aggression und zur Depression.
Angst hindert am Leben.
War das das Resultat von 15 Monaten?
Und nun?
Sie liebte diesen Mann immer noch.
Schwankte hin und her zwischen den Zweifeln, ihrer Sicherheit.
Mal sagte sie zu sich »ist doch egal, okay ich liebe, doch ich muß mein Leben gestalten, unabhängig davon.«
Doch wenn sie die Sehnsucht plagte, dann wußte sie nicht mehr, ob sie sich nicht weiter in etwas verrannte.
Ob sie nicht nur deswegen »liebte«, um sich auf niemanden anderen einlassen zu müssen.
Damit kamen ihre Schuldgefühle sich selbst gegenüber.
Dann versuchte sie ihn wieder zu vergessen, ihn zu verfluchen und sich einzureden, daß sie sich sowieso nur alles eingebildet hätte.

Wieder vergingen die Wochen so vor sich hin.

An seinem Geburtstag traf sie ihn tatsächlich.
In der Discothek.
Natürlich mit seiner Freundin.
Die durfte seinen Geburtstag mit ihm verbringen.
Ihr Herz zog sich zusammen.
Sie gratulierte ihm kurz.
Und das war es schon wieder.
Eigentlich hätte sie ihm symbolisch ihre Liebe schenken wollen.
Soll er doch machen, was er will, Hauptsache, sie war sie los.
Weil sie die Verantwortung dafür nicht tragen wollte?
Unter dieser Last fast zerbrach?
Weil sie keine Lust mehr hatte, sich darum zu kümmern?
Soll doch er!
Und wenn er auch keine Lust dazu hatte?
Es war ja schließlich ihre Liebe!
Also gut, dann halt nicht.
Sie beschloß, die Verantwortung für ihre Liebe, für alle anderen Gefühle, und damit für sich selbst, nicht mehr abzuschieben.
Sie zu tragen, egal, wie schwer es auch sein mochte.
Sie war ja schließlich eine starke Frau, das konnte sie nun beweisen.
Die Stärke gekonnt einsetzen, da, wo es nötig ist, für sich selbst.
Keine Schuld mehr, keine Schuldigen.
Kein Recht mehr auf irgendwas.
Die Gestaltung des Lebens in den eigenen Händen halten.

Achtzehn Monate ist es nun her, daß mein Exfreund für »nur« drei Monate seinen Urlaub antrat.
Eineinhalb Jahre später also sitze ich hier, daheim.
Versuche mich zu erinnern.
Es ist so schwer, die vielen Begegnungen mit den Augen in eine Reihe zu bekommen, gerade dort, wo die Reihenfolge wichtig wäre.
Wann ist denn die Reihenfolge wichtig?
Dann, wenn die Spielregeln wichtig sind.
Dann, wenn ich sie begreifen will.
Die, die ich genau deswegen, weil ich sie nicht verstanden habe, mit anderen überprüfen mußte bzw. noch muß.
Es war ein harter, steiniger Weg.
Der Weg zu meiner Selbstfindung?
Ich glaube!
Ich habe gerade meinen 30jährigen Geburtstag hinter mir und zugleich das Gefühl einer Neugeburt.
Das jedoch hat meinen Tod vorausgesetzt.
Was entstand, ist neues Denken, neues Fühlen, ein neuer Mensch.
Vielleicht kann ich deswegen nun in der Ich-Form schreiben.
Ein langer Prozeß und im Vergleich zu meinem ganzen Leben so wenig Zeit.
Heute gibt es keine Begegnungen mehr mit diesem Mann, mit diesen Augen. Ich liebe ihn immer noch, nicht, um es mir einzureden, sondern da es so ist.
Ich sehne mich auch noch öfter nach ihm.
Nach seiner Lebendigkeit, seinem Feuer … und weiß zugleich, daß er dies gerade nicht lebt.

Die Augen leben ein neues Leben, eines, das für ihn wichtig ist.
Das der Erde.
Vielleicht wird die Erde sein Feuer ganz ersticken, vielleicht wird es wieder lodern, diesmal mit einer Basis.
Und vielleicht werden wir uns dann wieder begegnen können.
Ganz neu, ganz anders.
So ähnlich, wie es bei mir war?
Mich hatte die Erde erdrückt.
Das Leben mit meinem Exfreund.
Ich brauchte das Feuer.
Irgendwann konnte ich feststellen, daß ich es in mir selbst habe.
Ich hatte es nur nicht mehr finden können, weil es unter einer dicken Erdschicht, ganz tief in mir, rumorte, sich umwälzte, sich sammelte …, bis es mich wie ein Vulkan wieder ins Leben spie.
Zuckend, pulsierend wie der Lebenssaft, das Blut aus einer geschlagenen Wunde.
Niederwalzend, verbrennend, vernichtend die ganze mir nächste Umgebung meines verkrusteten Da-Seins.
Um erkaltet wieder fruchtbaren Boden für neues Leben zu bieten.
Weil es Platz schaffen mußte für meine Gewässer, die Gefühl, Intuition, Wahrnehmung oder sonstwie heißen.
Die, angestaut in mir, oft ganze Gegenden überschwemmten oder übervoll sich andere Wege suchten und so zu reißenden Flüssen wurden oder zu sumpfigem Morast.
Ich habe meine Kraft, meine Lebensenergie, meine Freude erneut gefunden und bin dabei auf meine Ängste

und alle »nicht-gewollten« Gefühle gestoßen, die ich deswegen, weil ich sie ablehnte, nie gelebt habe.
Die deswegen so »gefährlich« waren, weil der Ursprung so schwer nachzuvollziehen war.
So wie in der Natur alles nebeneinander seinen Platz, seinen Sinn, seine Berechtigung hat, so ist es auch in mir.
Es ging um das Erkennen, ein liebevolles Annehmen, und damit nicht um Kontrolle, sondern um einen sorgsamen Umgang.
Was heute geblieben ist, ist die Angst vor Einsamkeit, vor dem Nicht-mehr-verstanden-und-geliebt-Werden.
Doch selbst diese Angst wirft mich nicht mehr um.

Oje, wenn ich damals schon gewußt hätte, auf was ich mich da eingelassen habe ...
– ich hätte trotzdem durchgehen müssen!

Heute, mehr als zwei Jahre nach dem Aufbruch zu meinem Selbst, weiß ich, wie sehr ich mich getäuscht habe.
An meiner Einsamkeit wäre ich beinahe gescheitert!
Was mich gerettet hat, war meine Liebe.
Doch noch einmal zurück zu meinem 30. Geburtstag.
Ich habe diesen gelebt, in vollen Zügen, mit allem, was ich hatte.
Ein Drama in mehreren Akten.
Dieser Tag bedeutete für mich den Ausschluß aus meiner »Wahlfamilie«.
Das schwarze Schaf, das vorher gerade deswegen be-

wundert und begehrt wurde, wurde nun gefürchtet, geächtet und gemieden.
Kurz darauf verbrachte ich zwei Wochen meines Urlaubs in der Türkei.
Alte Wunden brachen auf und mit ihnen die Sehnsucht.
Alles roch nach den Augen, überall schienen sie präsent.
Zudem begegnete ich einem Mann, der den Augen so verdammt ähnlich war.
Die Figur, die Bewegungen, die Augen, das Verhalten.
Ich kannte ihn, ohne etwas von ihm zu wissen.
Ich liebte ihn, ohne ihn zu kennen.
Ich liebte ihn und die Türkei, da ich die Augen liebte.
Ich fühlte mich daheim.
Aufgehoben, geborgen ... ach, was weiß ich noch alles.
Zurück in Deutschland, wußte ich gar nicht, was ich hier sollte.
Die Sehnsucht nach der Türkei wandelte sich in die Sehnsucht nach den Augen.
Oder war es umgekehrt?
Oder einfach nicht trennbar?
Die Einsamkeit wurde für mich zu einem tiefen Loch, in das ich mich stürzte, ohne zu wissen, was »unten« kommt, ob überhaupt etwas kommt, ob ich mich selbst wieder auffangen kann oder nicht.
Und so ließ ich mich fallen, in die Dunkelheit.
Mit all meiner Angst.
Monate, in denen ich nichts mehr genießen konnte, nicht einmal die Menschen, die ich liebte, die mich liebten.
Keine Freude, keine Lebenslust, keine Energie ... mehr.
Nichts machte mehr Spaß.
Ein Morast, aus dem es für mich kein Entrinnen gab.
Ein Sumpf ohne Ende – das Nichts.

Die Türkei so weit weg.
Die Wärme, die feurigen Tänze, die Lebendigkeit, die Lebensfreude, die Menschlichkeit und das Chaos ... und Deutschland so nah.
Alles quadratisch, praktisch, »gut«.
Ordentlich und sauber ...
Kalt, hart ... tot.
Das Stück Türkei in meiner Arbeit, von Deutschland verfälscht, schizophren untermauert, riß mich nicht heraus.
Es bedeutete für mich eher eine Qual, auch wenn es andererseits einen Halt darstellte.
Ein Seil, an dem ich mich festhielt, um nicht ganz zu versinken im Morast der Unendlichkeit.
Ein tägliches Ritual, das Tagen, Wochen und Monaten wenigstens eine Bedeutung gab.
Andere Menschen ließen mich meine Leere noch mehr als sonst spüren.
Ich fühlte mich wie auf einem anderen Stern, unter lauter Andersartigen.
In der Heimat fremd, in der Fremde daheim?
Die Menschen wirkten auf mich so lieblos, leblos, kalt, hart, mit irgendeiner Maske, eingemauert, bemüht, nicht aus dem »Rahmen« zu fallen, auch »Quadratisch, praktisch und gut« zu sein oder besser: »rund«, notfalls mit Alkohol oder sonstigen Drogen, um sich in eine Zwangsjacke zu pressen.
Ich konnte nichts Schönes mehr erkennen, nur noch Sumpf um mich herum.
So zog ich mich zurück in meine eigenen Wände, die ich ständig nach außen verteidigen mußte (eine schwer erkämpfte Geborgenheit) und versteckte mich unter meiner Decke.

Draußen wurde es kalt, der Winter kam mit allem, was er zu bieten hat.
Es gab nur noch drei Menschen, mit denen ich mich verabreden, treffen, mit denen ich reden konnte …, doch auch diese etwas schöneren Gefühle hielten nie lange an.
Ich kehrte immer wieder zurück in meinen Sumpf.
Die drei mir am wichtigsten Menschen hatten zu dieser Zeit alle eine Beziehung.
Egal, ob glücklich, ebenfalls einsam, abhängig … oder nicht, das spielte für mich keine Rolle.
Denn ganz tief in mir wollte ich einfach »nur« eine Beziehung haben.
Was ich mir davon versprochen habe?
Keine Ahnung!
Ich schätze mal, einen Ausbruch aus meiner Einsamkeit.
Natürlich hätte das nicht geholfen.
Natürlich wäre das zur Sackgasse geworden.
Zu einem Traum, der so nicht in Erfüllung hätte gehen können.
Natürlich!
Mein Kopf wußte dies alles, doch mein Inneres zerriß in tausend Stücke.
Neid, Eifersucht, Selbstmitleid … machten mich noch einsamer.
Gegen ein Beziehung stand jedoch die Tatsache, daß es neben den Augen nur noch den Mann in der Türkei gab, mit dem ich mir eine Beziehung gewünscht hätte.
Eine x-beliebige Beziehung, die ich jederzeit haben hätte können, schien es also auch nicht zu sein.
Was dann?

Ich versuchte diese beiden Männer zu erreichen, den einen schriftlich, den anderen telefonisch.
Sie blieben für mich unerreichbar.

So, wie ich lebte, wollte ich nicht mehr leben.
Lieber sterben.
Ich wußte, wenn ich nicht den tatsächlichen Tod starb, mußte etwas in mir sterben.
Doch was, wußte ich noch nicht.
Am körperlichen Tod hinderten mich zunächst einmal die vielen Abschiedsbriefe, die ich hätte schreiben müssen. (Es schienen mir doch noch mehr Menschen wichtig zu sein!)
So schrieb ich erst einmal meine Grabrede, in Gedanken.

»Hier steht ihr nun und trauert alle um einen Menschen, den ihr bewundert, verachtet, geliebt, gehaßt, begehrt, verlacht, umjubelt, gemieden, auf Händen getragen, verletzt, benutzt, geschützt, gehalten, fallengelassen, ausgesaugt, vollgestopft, ausgehalten ... habt.
Um mich.
Ich danke Euch dafür.
Ich habe Euch alle geliebt, die SäuferInnen, die SchlägerInnen, die Huren und männlichen Käuflichen, die Naiven, die Stummen, die Heiligen, die VerräterInnen, die LügnerInnen ... und alle anderen auch.
Ich habe Euch geliebt, so wie ihr seid, jenseits Eurer Nationalität, Hautfarbe, Religion, Kultur oder sonstwas.
Ich habe Euch alle in mir und bin ein Teil von Euch!
Ich habe die Liebe gesucht und gefunden.
Leider bin ich daran gescheitert.

Laßt mich in Euren Gedanken weiterleben, tragt mich in Euren Herzen.
So wie ich einen Teil von Euch mitnehme.
Und wenn mein Tod auch nur für mich selbst von nutzen ist, so wünsche ich mir doch, daß Ihr erkennt, daß Euch wenigstens eines verbindet.
Und vielleicht könnt Ihr dann miteinander oder wenigstens nebeneinander leben.
Vielleicht lernt Ihr auch lieben, ohne daran zu scheitern.
Ich wünsche es Euch von ganzem Herzen!«

Da ich jedoch vielen Menschen mehr erklären wollte, um ihre Trauer, Schuldgefühle oder ihr Unverständnis zu »verhindern«, wurde ich wieder auf meine Abschiedsbriefe geworfen.
Das war mir dann einfach zuviel Arbeit!
Dann lieber doch noch ein bißchen leben, erklären, die mir wichtigsten Menschen mündlich darauf vorbereitet.
Das nächste Hindernis war dieses Buch.
Ich wollte es fertigschreiben.
Keine Ahnung, warum und wozu!
Doch ich spürte, es mußte sein.
Es gab nur eine einzige Frau, die es hätte fertigstellen können, nach meinen Wünschen und Vorstellungen, doch ich konnte ihr doch nicht soviel Arbeit hinterlassen.
Okay, dann eben erst dieses Buch schreiben, und dann konnte ich ja immer noch, wenn ich wollte ..., wenn ich immer noch glauben sollte, ich könne mein Leben nicht mehr leben.

Und schließlich dachte ich mit großer Unruhe an die Augen.
Wenn ich ihn wirklich lieben sollte, konnte ich das doch nicht tun, egal, was es bei ihm auslösen würde.
Lebe ich denn wirklich nur für mich selbst?
Inwieweit für die anderen?
Gut, ich werde für die Augen weiterleben; und für die anderen!
Ich schreib mal wieder ein Gedicht auf:

Ich liebe dich,
nur mit dir wollte ich leben,
auf jeden Fall,
nicht ohne dich.

Weil ich das nicht durfte,
wollte ich sterben,
doch weil ich dich liebe
muß ich weiterleben.

Jetzt muß ich lernen
ohne dich zu leben,
denn wie könnte es irgend jemand,
wenn ich nicht mit mir selbst leben kann?

Und an ein Anderes erinnerte ich mich:
Ich liebte dich
mehr als mein Leben.

Jetzt liebe ich dich mehr!
(Jörg Pfennig)

Heute weiß ich, das war der Tod meines »Egos«, des Hanswurst in mir, der einen solchen Radau machte, daß ich ständig nur mit ihm beschäftigt war.
Ich begrub mein Ziel: eine Beziehung haben zu wollen.
Meine in frühester Kindheit eingeprägten Vorstellungen, mein Glück wäre mit Mann, Kindern ... ein vollkommenes, auch wenn ich bis dahin immer eines Besseren belehrt wurde.

Weihnachten zog an mir vorüber.
Ein neues Jahr begann.
Und für mich ein neues Leben.

Ich hatte nichts mehr
und damit alles.
Die ganze Welt stand mir offen.

Keine Angst mehr, mich zu blamieren, abgelehnt, verachtet oder ignoriert zu werden.
Keine Angst mehr, andere vor »den Kopf zu stoßen«, wenn ich der Meinung bin, ich müßte es tun.
Keine Angst mehr, für mich einzustehen, mich jemandem ab- oder zuzuwenden, wann immer ich es für nötig erachte, um mich selbst zu schützen, zu schonen oder sonstiges.
Keine Angst mehr, durch zuviel Gefühl mich selbst nicht mehr zu leben, nur um den anderen zu halten.
Keine »Bezahlung«, keine faulen Kompromisse, keine Selbstaufopferung ... einfach nichts mehr.
Und das alles und vieles mehr nicht im Schutze einer

von mir erwählten »Familie« oder eines Mannes, der mir zur Seite steht und mir damit Geborgenheit vermittelt.
Nur noch ich!
Eine neue Sicht der Dinge, von denen ich mich nun getrennt hatte.
Kein Mann ist für mein Glück verantwortlich.
Kein Partner, auch wenn ich ihn noch so liebe, kann mir meine Einsamkeit nehmen.
Ich bin nicht vollkommen, wenn ich einen »körperlichen« Gegenpart neben mir habe.
Es ist nicht mein Ziel, so zu leben, wie es die anderen tun, auch wenn ich noch nicht weiß, wie sich mein Leben entwickeln wird.
Denn ich kenne nur *mein* Ziel, und das bin ich.

Heute weiß ich, daß Liebe nichts mit Zusammenleben zu tun hat.
Ich kann lieben, ohne viel zu teilen.
Und ich überlege mir sehr genau, mit wem ich was teilen möchte.
Sollte ich niemanden finden, mit dem ich mein Leben teilen kann, dann lebe ich mein Leben eben allein.
Ich weiß auch, ich könnte mit jemandem leben, den ich ganz anders liebe als die Augen.
Ich weiß auch, daß trotz all meiner Liebe zu den Augen, ich vielleicht gar nicht mit ihm leben könnte.
Auch wenn es mein größter Wunsch ist, dies ausprobieren zu dürfen.

Ich liebe
und gestalte mein Leben,

trotz meiner Liebe,
oder gerade deswegen?
Denn sie hindert mich nicht mehr,
sondern gibt mir Kraft und Energie.

Manchmal sehne ich mich, dann lasse ich mich sehnen.
Manchmal bin ich traurig, dann weine ich.
Manchmal bin ich wütend, ohne zu wissen warum, dann laufe ich wütend durch den Tag.
Manchmal bin ich ängstlich, dann schütze ich mich.
Manchmal verliebe ich mich, doch ich vergesse nie, was ich will.

Ich schaue mir so zu, was ich mache, bin fasziniert, schockiert, erfreut, beschämt ..., und mache es trotzdem.
Irgendwann denke ich dann darüber nach.

Und nun?
Keine Ahnung!
Ich spüre, daß irgend etwas kommen wird, irgend etwas Neues.
Etwas, das ich freudig, aufgeregt erwarte und das mir trotzdem Angst macht, mir den Magen zusammenschnürt.
Nähe aushalten?
Glück ertragen?
Ich werde sehen!

Nie wieder spiele ich artig zugeteilte Rollen,
laß' mir soufflieren, was ich spreche, fühle, was ich sing',
nie wieder laß ich mich hofieren, mich herumchauffieren,
laß nicht mehr andere bestimmen, wer ich bin.

Nie wieder kette ich mein Lachen und mein Denken
an die Gewichte andrer Menschen an,
laß mein Geschick nie mehr durch Fremde lenken,
vergesse dabei, daß ich es selber kann.

Ich bin kein hilflos ängstlich' Wesen,
das muskelstarken Schutz des Mannes braucht,
ich bin der Sturm, der endlich wagt zu beben,
ich bin das Feuer, welches lodert, zischt und raucht.

Breit' meine Schwingen in den Morgen,
und fliege weit hinaus in diese Welt,
laß mir nie wieder fremde Flügel borgen
und pfeif' auf alle, denen's nicht gefällt.

Will ungehindert sprießen wie die Bäume,
hinauf bis in den Himmel, in das Licht,
hinunter in den Schoß der Wurzelsäume,
und all dies fassen in mein Ich.

Weit ausgespannt zwischen den Wolken und der Erden
will ich mich weiten, wachsen, werden!

Julia Onken

Aus: »Feuerzeichenfrau«, München 1988